진정한 용기와
굳은 의지를 가진 영웅
광개토 대왕

이야기/교과서/인물 **광개토 대왕**

초판 제1쇄 발행일 2016년 11월 10일
초판 제2쇄 발행일 2021년 8월 30일
글 이재승, 김동훈 그림 신슬기
발행인 박헌용, 윤호권 발행처 (주)시공사 주소 서울시 성동구 상원1길 22
전화 문의 02-2046-2800
홈페이지 www.sigongsa.com / www.sigongjunior.com

ⓒ 이재승, 김동훈, 신슬기, 2016

이 책의 출판권은 (주)시공사에 있습니다.
저작권법에 의해 한국 내에서 보호받는 저작물이므로, 무단 전재와 무단 복제를 금합니다.

ISBN 978-89-527-8262-5 74990
ISBN 978-89-527-8164-2 (세트)

홈페이지 회원으로 가입하시면 다양한 혜택이 주어집니다.
잘못 만들어진 책은 구입하신 곳에서 바꾸어 드립니다.

사진 자료 제공 | 13쪽 광개토 대왕릉비, 14쪽 광개토 대왕릉 **연합뉴스** | 15쪽 광개토 대왕릉 입구(Rolfmueller, cc-by-sa 3.0), 17쪽 장군총(Bart0278, cc-by-sa 3.0), 117쪽 충주(중원) 고구려비(Lawinc82, cc-by-sa 3.0) **위키미디어 공용** | 49쪽 행주 대첩 기록화 **전쟁 기념관** 70쪽 광개토 대왕명 호우, 고구려 글자가 새겨진 벽돌, 71쪽 연가 7년명 금동 여래 입상, 92쪽 무용총 수렵도, 105쪽 광개토 대왕릉비 탁본 **국립 중앙 박물관**

KC마크는 이 제품이 공통안전기준에 적합하였음을 의미합니다.
제조국 : 대한민국   사용 연령 : 8세 이상
주의 사항 : 책장에 손이 베이지 않게, 모서리에 다치지 않게 주의하세요.

진정한 용기와
굳은 의지를 가진 영웅

광개토 대왕

이재승, 김동훈 글 | 신슬기 그림

시공주니어

작가의 말 … 6
광개토 대왕을 찾아가다 … 8

1장 소년이여, 거대한 꿈을 꾸어라 … 18
역사 한 고개 4세기 동북아시아 정세 … 26

2장 생명의 소중함을 안다는 것 … 28
역사 한 고개 고대 한반도의 제천 행사 … 36

3장 기회는 준비된 자에게 오는 법 … 38
역사 한 고개 우리나라의 4대 대첩 … 48

4장 부모님의 마음을 읽다 … 50

5장   함부로 무릎을 꿇지 마라 … 62
        역사 한 고개 고구려와 관련된 유물 … 70

6장   끝없는 연습이 만들어 낸 승리 … 72

7장   막히면 새로운 길을 찾아라 … 82
        역사 한 고개 고구려 고분 벽화 … 92

8장   만주에 퍼진 홍익인간의 정신 … 94
        역사 한 고개 광개토 대왕릉비 … 104

9장   위대한 삶은 이름으로 남는 법 … 106
        역사 한 고개 고구려의 전성기를 이끌었던 장수왕 … 116

광개토 대왕에게 묻다 … 118
광개토 대왕이 걸어온 길 … 122

광개토 대왕을 만나다

광개토 대왕은 여러분에게 매우 친숙한 위인일 거예요. 이미 몇 번이나 TV 드라마나 소설, 만화의 주인공으로 나온 적이 있고, 역사책에도 흔히 등장하지요. 최근에는 여러 게임 속에서도 만날 수 있어요. 하지만 우리는 광개토 대왕에 대해 얼마나 알고 있을까요? 혹시 광개토 대왕을 그저 수많은 전쟁을 통해 영토를 확장했던 고구려의 왕으로만 알고 있는 것은 아닐까요.

중국 지안 시에는 '광개토 대왕릉비'라는 거대한 비석이 있습니다. 광개토 대왕의 아들인 장수왕이 아버지를 기리는 뜻에서 세운 이 비석은 우리나라 역사상 최고의 기록물 중 하나입니다. 광개토 대왕이 나라를 다스리던 시절의 여러 사건이 기록되어 있어 역사적 가치가 매우 높죠. 그러나 이 비석은 현재 우리나라가 아닌 중국에서 관리를 하고 있습니다. 또한 중국은 광개토 대왕이 다스렸던 고구려를 자신들의 역사로 편입시키기 위해 고구려를 당시 중국 동쪽에 있던 작은 고대 국가로 규정하고 그에 대한 연구를 계속하고 있습니다.

광개토 대왕이 어떤 업적을 남겼기에 중국은 그들의 역사에 고구려를 담고 싶어 하는 것일까요?

광개토 대왕은 우리나라 역사상 최고의 정복 군주였습니다. 여러분이 우리나라의 역사를 공부해 보면 알겠지만 삼국 시대, 고려 시대, 조선 시대까지 우리나라는 외세의 침략을 너무나 많이 받았습니다. 하지만 광개토 대왕은 18세에 즉위하자마자 고구려의 힘을 보여 줍니다. 당시 조그마한 국가였던 고구려는 광개토 대왕의 등장과 함께 만주와 한반도의 여러 국가들을 굴복시키고 최초로 만주를 통일한 나라가 되었습니다. 고구려의 영토가 넓어지면서 고구려의 국력은 점점 강해졌습니다.

이 책에는 소년이었던 담덕이 한 나라의 왕이 되어 자신의 꿈을 펼치는 과정이 담겨 있습니다. 담덕은 지금의 여러분처럼 장난꾸러기였을까요? 부모님과 동생들과는 어떻게 지냈을까요? 광개토 대왕과 고구려군은 어떤 방식으로 전투를 했을까요? 이 질문들에 대한 답을 책을 읽으며 찾아보길 바랍니다. 광개토 대왕에 대해 널리 알려진 업적보다는 여러분이 어린 시절의 광개토 대왕을 만나 배우고 실천할 수 있는 점을 찾으면 좋겠습니다. 그리고 〈역사 한 고개〉에는 고구려와 관련된 여러 역사적 사실이 소개되어 있습니다. 이를 통해 당시의 역사와 문화에 대해 알 수 있을 것입니다.

자, 이제 출발입니다. 책장을 넘겨 과거로 돌아가 광개토 대왕을 만나러 갑시다.

이재승, 김동훈

● 광개토 대왕을
  찾아가다

광개토 대왕릉비
고구려 19대 왕인 광개토 대왕의 비석.
고구려 건국 과정과 광개토 대왕의 업적이 새겨져 있다.
중국 지린 성 지안 현

게임 속에 나타난 광개토 대왕

"오늘도 우리 집에서 놀 거지?"

"당연하지. 얼른 가자."

학교를 마치고 나는 용준이와 함께 용준이네 집으로 갔다.

"야, 다 깼어?"

"아니, 이번 판 왜 이렇게 어렵지."

나와 용준이는 종종 휴대폰 게임을 같이하곤 한다. 요즘 우리가 하는 게임은 역사적으로 시대를 대표하는 영웅을 골라 적을 물리치는 게임이다.

"다른 영웅을 골라 봐. 나폴레옹이나 칭기즈 칸도 있잖아. 왜 넌 만날 광개토 대왕만 하니?"

용준이가 구박하듯 말했다.

"우리나라 사람이잖아. 광개토 대왕이 입은 갑옷이나 무기도 나한테는 익숙하단 말이야."

"광개토 대왕이 우리나라 사람이었어? 난 여태껏 중국 영웅인 줄 알았는데."

"뭐라고? 광개토 대왕은 위대한 고구려의 영웅이야. 역사 공부 좀 열심히 해라."

"위대한 영웅이라고? 광개토 대왕이 무슨 일을 했는데?"

"음…… 광개토 대왕은 중국을 물리치고 우리의 영토를 넓혔지."

"중국을 물리치고 땅을 넓게 만들면 위대한 영웅이 되는 거야? 구체적으로 무슨 일을 어떻게 했는지는 너도 잘 모르는구나?"

용준이의 질문에 나는 대답을 할 수 없었다. 우리나라 사람이라는 이유로 항상 게임에서 광개토 대왕을 선택했지만 광개토 대왕의 역사적 업적에 대해서는 잘 몰랐기 때문이다. 용준이한테 그런 얘기를 듣고 나니 광개토 대왕이 어떤 사람인지 궁금해지기 시작했다.

'광개토 대왕은 얼마나 대단한 사람이기에 게임에서 우리나라를 대표하는 영웅으로 나온 걸까?'

그날 저녁이었다. 식사 자리에서 나는 부모님께 광개토 대왕에 대해 여쭤 보았다.

"엄마, 광개토 대왕은 무슨 일을 하셨길래 '대왕'이라고 부르는 건가요?"

"광개토 대왕? 음…… 간단하게 말하기는 힘든데? 왜 갑자기 광개토 대왕에 대해 알고 싶은 거야?"

"휴대폰 게임에서 광개토 대왕이 나오거든요. 전 항상 광개토 대왕을 선택해서 게임하는데 정작 광개토 대왕에 대해서는 잘 알지 못하는 것 같아서요."

"아하, 그랬구나. 그럼 우리 이번 주말에 도서관에 가서 광개토 대왕에 대해 한번 조사해 볼까?"

"예."

기다리던 토요일이 왔다. 나는 부모님과 함께 동네에 있는 도서관에 갔다. 도서관에는 광개토 대왕에 관한 책이 많았다. 나는 광개토 대왕과 관련된 책이 이렇게나 많다는 것에 깜짝 놀랐다. 위인전에서부터 소설, 전문 역사 자료까지 많은 책이 서가에 꽂혀 있었다.

"어떤 책부터 읽을까? 한번 골라 보렴."

"엄마가 추천해 주세요. 어떤 책이 좋을까요?"

"음…… 일단 위인전을 읽어 보는 것이 어떨까?"

"위인전요?"

"그래. 위인전을 읽어 보면 광개토 대왕의 어린 시절부터 있었던 여러 재미난 이야기들을 알 수 있을 거야."

"그럼 전 위인전부터 읽어 볼래요."

나는 서가로 가서 광개토 대왕의 위인전 중 한 권을 꺼냈다. 책의 표지에는 게임에 나왔던 광개토 대왕이 늠름하게 서 있었다.

'전군, 전진하라!'

나는 광개토 대왕 위인전을 읽으면서 마치 내가 대륙을 호령하는 대왕이 된 것처럼 흥분이 되었다. 광개토 대왕이 고구려를 다스리던 시절의 영토 지도를 보며 나는 크게 놀랄 수밖에 없었다.

'지금은 중국 땅인 곳을 광개토 대왕이 점령했었다니……'

광개토 대왕이 중국의 나라들과 전쟁을 벌이는 장면을 읽다 보니 시간 가는 줄 몰랐다.

"책에 푹 빠져 있구나. 이제 집에 갈 시간인데."

"벌써요?"

"그래. 광개토 대왕에 대해 많이 알게 되었니?"

"네. 광개토 대왕이 이렇게 위대한 왕인지 몰랐어요. 게임에서 보고 단순히 싸움만 잘하는 왕인 줄 알았는데, 정말 훌륭한 분인 것 같아요. 책에 보니 지금 중국에 광개토 대왕릉비가 보존되어 있다고 하는데, 직접 가서 보고 싶어요!"

"그래? 그럼 이번 여름 방학에는 특별히 중국으로 한번 가 볼까? 직접 가서 광개토 대왕릉비를 보면 느끼는 바가 다를 거야. 중국까지 가려면 이제부터 엄마가 저금 좀 해야겠구나."

"엄마, 드디어 중국이에요! 저기 아래쪽에 광개토 대왕릉비가 보이는 것 같아요."

"하하하. 비행기 안에서 광개토 대왕릉비가 보인다고? 네가 정말 설레는 모양이다. 비행기에서 내리면 얼른 광개토 대왕을 만나러 가 보자."
"네. 어서 가서 사진으로만 보았던 비석을 눈으로 직접 보고 싶어요."
나는 눈을 크게 뜨고 창밖을 바라보았다. 이번 중국 여행을 위해 광개토 대왕에 관한 조사를 열심히 했기 때문에 기대가 컸다.
광개토 대왕릉비는 중국 지린 성 지안 시에 있다고 했다. 지안 시는 옛날 고구려의 수도였던 국내성이 있던 곳이라고 한다.
지안 시를 향해 버스가 출발하고 한참이 지났다. 야생의 숲을 지나 사람이 어느 정도 가꾼 듯한 잡초와 나무들이 서서히 나타나기 시작했다. 그러더니 저 멀리 붉은 지붕의 건축물이 보였다.
버스가 멈춘 주차장을 지나 광개토 대왕릉비로 가는 길에는 클로버가 가득했다. 나는 오늘 행운이 가득할 것 같은 기분으로 네잎 클로버가 있나 곁눈질을 했다. 그렇게 조금 걷자, 광개토 대왕릉비가 들어 있는 유리 비각이 반짝거리는 모습이 보였다.
"와, 정말 엄청나게 커요."
"그렇구나. 이 비석은 도대체 높이가 어떻게 되니?"
"높이는 6미터가 넘고, 무게는 35톤이 넘어요!"
나는 들뜬 목소리로 엄마에게 광개토 대왕릉비에 대해 설명하기 시작했다. 책에서만 보았던 비석을 직접 눈으로 보니 더 웅장해 보였다. 나는 광개토 대왕릉비의 거대함에 압도되어 한참을 그 앞에 서 있었다.
'고구려를 동아시아 대제국으로 건설한 왕 중의 왕, 광개토 대왕을 기리기 위한 비서. 이렇게 엄청난 크기였구나.'

광개토
대왕릉비

나는 서둘러 사진을 찍으려고 카메라를 들었다. 그러나 곧 그곳에 있던 중국인 여성 관리원이 나를 막았다. 비석의 보호를 위해 유리 비각 안에서 사진 찍는 것을 금지하고 있다고 했다. 비석을 유리 비각 안에 넣어 보관하는 것도 같은 이유라고 한다. 주변을 돌아보니 관람객은 대부분 한국 사람들이었고, 그 사람들 역시 나처럼 아쉬워하고 있었다.

광개토대왕릉

광개토 대왕릉비를 다 둘러본 뒤에는 그곳에서 약 500미터 정도 떨어진 곳에 있는 광개토 대왕릉을 둘러보았다. 거대한 광개토 대왕릉비에 비해 광개토 대왕의 무덤은 작은 동산 크기의 초라한 돌무지 같은 모습이었다.

"이럴 수가……. 생각보다 너무 초라해요, 엄마."

"그러게 말이다. 그 넓은 대제국을 이뤘던 왕의 무덤이 이렇게 허술하게 남아 있다니."

"엄마, 원래 이 묘는 한 변이 65미터가 넘는 거대한 왕릉이었대요."

"정말이니? 제대로 관리가 되지 않아서 이렇게 된 거로구나……."

광개토 대왕릉 입구

능으로 올라가는 길에는 계단이 있었다. 올라가면서 가까이 보니 돌들이 고정이 되지 않아 줄줄 흘러내리고 있었다. 정말 슬픈 일이었다.

'광개토 대왕의 묘가 우리나라에 있었다면 잘 관리될 수 있었을 텐데. 우리 조상의 묘가 다른 나라에 있으니 이렇게 초라하게 남아 있구나…….'

녹슨 철문을 열고 석실로 들어가 보았다. 문을 열기 전 두근대던 마음은 이내 착 가라앉았다. 무덤 안에는 아무것도 없었다. 벽 곳곳은 금이 가 있었고, 군데군데 시멘트로 메운 흔적이 남아 있었다. 만주 벌판을 호령하던 광개토 대왕의 발자취는 전혀 남아 있지 않은 모습이었다. 주변에서 같이 구경을 하던 어른들도 혀를 끌끌 차며 말했다.

"이거야 원. 왕의 묘인지 그냥 동산인지 모를 지경이구먼……."

안타까운 마음을 안고 걸음을 재촉하여 장군총으로 향했다. 장군총은 광개토 대왕릉비와 약 1킬로미터 정도 떨어진 곳에 있었다. 장군총은 광개토 대왕릉과는 달리 외형이 그나마 잘 보존되어 있었다.

"이것도 고구려 왕의 무덤인가?"

"장수왕의 무덤이라는 이야기가 있는데 확실하지는 않대요. 너무 옛날 유적이라 역사적 자료가 많이 부족한가 봐요."

장군총은 돌무지무덤으로, 주변을 천 개가 넘는 다듬은 돌로 쌓은 다음 그 안을 조약돌로 채워 넣었다고 한다. 무덤 안쪽의 훼손이 심해 지금은 겉모습만 관람할 수 있었다.

"정말 아쉽네요. 우리의 소중한 유적이 다른 나라에서 이렇게 볼품없이 훼손되고 있다는 것이…….."

"그러게 말이다. 참 안타까운 일이지……."

유적지를 돌아보고 숙소로 돌아온 이후에도 난 밤이 늦도록 잠들지 못했다. 이상하게 가슴이 두근거리는 것을 참을 수 없었다. 책에서 읽었던 광개토 대왕의 전투와 업적이 머릿속에서 계속 맴돌았다. 마치 내가 광개토 대왕이 된 것처럼 만주 벌판을 말을 타고 달리고 싶었다. 동시에 아무렇게나 버려져 있는 광개토 대왕의 무덤이 떠올랐다.

'광개토 대왕은 어떤 생각을 갖고 드넓은 영토를 개척하신 걸까? 광개토 대왕은 어떤 분이었을까?'

광개토 대왕의 흔적들을 보고 와서일까, 광개토 대왕이 어떤 분인지 더 궁금해지기 시작했다.

장군총

1장
소년이여, 거대한 꿈을 꾸어라

"담덕아, 산 정상에 올라오니 어떠냐?"
"아버님, 이렇게 이른 시각에 어인 일로 산에 오르자고 하셨습니까?"
"오늘은 내가 너에게 보여 주고 싶은 것이 있다."
"그것이 무엇이옵니까?"
"잠시만 기다려 보거라."

어두컴컴한 새벽, 담덕은 거친 숨을 몰아쉬며 산 정상에 올라 주변을 돌아보았다. 호위 무사 없이 아버지 고국양왕과 산에 오르는 것은 처음이었다. 전날, 고국양왕은 큰아들 담덕에게 궁궐에서 좀 떨어진 산 입구로 혼자 오라는 편지를 보냈다. 어린 담덕에게 보여 줄 것이 있기 때문이었다.

"아버님, 해가 떠오르고 있습니다."

"담덕아, 네 눈앞에 보이는 것이 무엇이냐?"

태양이 장엄하게 솟아오르자 산 아래로 드넓은 대지가 드러나 보였다. 담덕은 놀란 눈을 하고는 대답했다.

"드넓은 대지가 보입니다. 끝없이 펼쳐지고 있습니다."

"그렇다. 이 끝없는 대지가 네가 달려가야 할 곳이다. 저 멀리 보이는 그곳까지 나아가야 한다. 할 수 있겠느냐?"

"네, 아버님. 제가 저 먼 곳까지 달려가겠습니다. 할 수 있습니다."

"사나이라면 꿈을 크게 가져야 한다. 지금에 안주하지 마라."

"네, 명심하겠습니다."

고국양왕은 떠오르는 해 앞에서 담덕을 담담히 쳐다보았다. 어느새 훌쩍 자란 담덕은 또래 아이들에 비해 키가 한 뼘은 더 컸다. 고국양왕의 여러 자식 중 유독 눈빛이 총명하고 기개 넘치는 담덕이었다.

"그래, 담덕아. 내가 산에 오르자고 한 이유가 무엇인 것 같으냐."

"저 넓은 대륙을 정복하라는 의미인 것 같습니다."

담덕은 자신만만한 모습으로 대답하였다.

"정복이라고? 담덕아, 그저 땅을 정복하여 넓은 영토를 만드는 것은 작은 국가의 왕이나 하는 것이다. 고구려는 새로운 정신을 세우는 국가가 되어야 한다."

"어떤 정신을 세워야 하는 것입니까?"

고국양왕은 의미심장한 미소를 지으며 담덕을 바라보았다. 자신의 어린 시절이 생각났다. 돌아가신 아버지 고국원왕이 자신과 형님을 이 산에 데

려와 이런 이야기를 했을 때 자신 역시 지금의 담덕과 똑같은 모습을 보였기 때문이었다.

"고구려는 단군왕검께서 세우신 고조선의 정신을 이어받았다. 우리 고구려가 한민족의 정신과 역사를 다시 세워야 한다. 그것이 위대한 나라의 왕이 해야 할 일이다."

"한민족의 정신과 역사…… 제 생각이 짧았습니다. 아버님."

담덕은 무언가 깊이 깨달은 듯한 얼굴로 고국양왕을 바라보았다.

"지금 고구려는 사방이 적으로 둘러싸여 있다. 북쪽에는 **후연**과 **흉노족**이 있고 남쪽에는 백제가 아리수(한강) 유역을 점령하고 있지. 하지만 단순히 그들을 정복하고자 한다면 죄 없는 백성들이 큰 피해를 보게 될 것이다. 고조선의 정신 중 가장 중요한 것이 무엇이더냐?"

"**홍익인간**입니다."

후연
중국의 5호 16국 가운데, 384년에 선비족인 모용수가 허베이 성 중산을 도읍으로 삼아 세운 나라. 409년에 북연에 의해 멸망하였다.

흉노족
중국의 이민족인 5호 가운데 진나라, 한나라 때 몽골 고원에서 활약하던 기마 민족.

홍익인간(弘益人間)
널리 인간 세계를 이롭게 한다는 뜻으로, 단군의 건국 이념이다. 《삼국유사》의 고조선 건국 신화에 나온다.

"그렇지. 너는 홍익인간의 뜻을 받들기 위해 몸과 마음의 수련을 게을리 하지 말아야 한다. 장차 네가 나라를 다스리게 되었을 때, 널리 세상을 이롭게 할 수 있도록 항상 준비가 되어 있어야 한다."

"예, 아버님. 그 말씀 절대 잊지 않겠사옵니다."

그때였다. 아래에서 신하들이 급히 올라오는 소리가 들려왔다.

"전하, 큰일이옵니다."

"무슨 일이냐?"

"북쪽의 후연이 다시 국경을 침범했다 하옵니다."

"북쪽은 정말 조용한 날이 없구나. 안 되겠다. 지금 당장 국경 지대로 가 봐야겠다."

"아버님, 이번엔 저도 가 보고 싶습니다."

담덕이 고국양왕을 향해 당차게 말했다. 평소 국경 지대를 가 보고 싶어 체력을 기르고 무술 훈련을 열심히 했던 담덕이었다.

고국양왕은 담덕을 돌아보며 말했다.

"담덕아, 국경 지대는 실제 전투가 계속되는 곳이다. 네가 생각했던 것보다 훨씬 힘들고 무서운 곳이 될 수 있느니라. 그래도 가겠느냐?"

"아버님, 언젠가는 가 봐야 할 곳입니다. 그날을 위해 평소에 수련을 멈추지 않았습니다. 저는 두렵지 않습니다. 저를 데려가 주신다면 제가 할 수 있는 일을 찾아 최선을 다해 보겠습니다."

담덕의 눈빛은 빛나고 있었다. 고국양왕은 그 눈을 보고 확신이 들었다.

"그래, 알겠다. 바삐 출발해야 하니 궁으로 돌아가는 대로 서둘러 짐을 꾸리거라."

"예, 아버님."

고국양왕과 담덕 일행은 밤낮을 달려 국경 지대에 도착하였다. 후연의 침략을 당한 국경 마을 사람들은 고국양왕과 병사들이 오자 눈물을 흘리며 달려나왔다.

"저희를 살려 주십시오. 후연의 침략으로 마을이 **풍비박산**이 났습니다."

"걱정하지 말거라. 오늘부터 이곳에 머물면서 후연의 공격을 막고 마을을 다시 세우기 위해 최선을 다할 것이다. 여봐라, 아이들과 부녀자들부터 다친 사람은 없는지 살펴보고 피해를 입은 곳을 수리하도록 하라. 또한 후연이 다시 공격해 올 수 있으니 경계를 철저히 하라."

고국양왕은 서둘러 성벽 수리를 명령하고 마을 사람들에게 식량을 나누어 주었다.

'국경 지대의 백성들은 이렇게 적의 공격으로 피해를 받고 있었구나.'

전쟁의 피해를 직접 눈으로 본 담덕은 마음이 아팠다. 전쟁이 나면 그 피해가 고스란히 백성들에게 돌아간다는 사실을 몸소 느낄 수 있었다.

'이곳에서 내가 할 수 있는 일은 무엇일까? 아버님은 바쁘실 테니 돌아다니면서 스스로 찾아봐야겠어.'

풍비박산
바람이 불어 우박이 이리저리 흩어진다는 뜻으로, 엉망으로 깨어져 흩어진 상황을 이르는 말.

담덕은 피해를 입은 마을을 구석구석 돌아보았다. 담덕 또래의 아이들이 옹기종기 모여 마을을 살피는 그를 쳐다보았다. 아이들은 계속된 후연의 공격과 굶주림으로 두려움에 떨고 있었다.

'그래, 내가 할 일을 찾았어. 여기 아이들을 훈련시키자.'

담덕은 아이들을 불러 모았다. 아이들은 의아해하며 하나둘씩 담덕 곁으로 모여들었다.

"후연의 공격을 받았다고 해서 이렇게 가만히 앉아 슬퍼하고 있을 수만은 없어!"

"하지만 우린 아직 어린걸……. 우리가 할 수 있는 일이 뭐가 있겠어?"

"내가 너희들을 훈련시켜 줄게. 나와 함께 글공부를 하고 체력과 무술을 연마하자."

그날부터 담덕은 매일 아침마다 아이들을 데리고 산에 올라 무술 훈련을 하고 체력을 길렀다. 오후에는 마을의 텃밭에 모여 글을 가르쳤다.

한편, 병사들과 함께 생활하며 성벽과 마을 곳곳을 수리하고 있던 고국양왕은 일손이 부족하여 애를 태우고 있었다.

"이렇게 힘쓸 사람이 없단 말인가. 주변 마을에서 힘 좀 쓰는 사내들을 수소문해 보거라."

"전하, 마을의 아이들을 불러 일을 맡기는 것이 어떠하옵니까?"

한 신하가 고국양왕에게 말했다.

"마을 아이들 말이냐? 일을 하기엔 너무 어리지 않느냐."

"제가 며칠 전 마을에 갔을 때 보니 아이들이 몰라보게 달라져 있었습니다. 담덕 왕자님의 훈련을 받고 몸과 정신이 모두 튼튼해져 충분히 일을 할 수 있을 만큼 성장해 있었습니다."

"담덕이 훈련시켰단 말이냐? 훌륭하구나. 어서 불러 보거라."

담덕과 아이들은 고국양왕의 명을 받아 성벽과 마을 수리에 참여하게 되었다. 훈련을 받은 덕인지 아이들은 어려운 일을 척척 해냈다. 아이들을 비롯한 국경 마을 사람들의 노력 끝에 후연의 침략으로 무너졌던 마을은 곧 원래의 모습을 찾게 되었다.

"너의 노력 덕분에 마을을 되살릴 수 있었다. 장하다, 담덕아."

"아닙니다, 아버님. 저를 믿고 따라 준 아이들 덕분입니다. 이번 일을 통해 많은 것을 느낄 수 있었습니다. 국경 지대에 올 수 있게 허락해 주셔서 감사합니다."

담덕은 새로운 고구려를 만들겠다는 커다란 꿈을 이루기 위해 더 열심히 노력해야겠다는 생각을 했다. 담덕의 남다른 포부와 원대한 계획을 고국양왕은 마음속으로 응원했다.

4세기 동북아시아 정세

광개토 대왕이 활약했던 4세기의 동북아시아는 격변의 시기였다. 우선 중국은 역사책 《삼국지》의 조조, 유비, 손권이 다스리는 '위나라-촉나라-오나라'의 삼국 시대가 280년, 진나라에 의해 통일이 되었다. 하지만 진나라는 끊임없는 왕자들 사이의 싸움과 흉노족의 침입으로 곧 멸망하고, 다섯 유목 민족(흉노족, 선비족, 갈족, 저족, 강족)의 16개 나라(후연 등)로 갈라지게 되었다. 이 시기를 5호 16국 시대라고 한다.

이와 더불어 원래 진나라를 다스리던 왕족들은 양쯔 강 남쪽으로 내려와 진나라를 다시 세웠는데, 이 나라를 동진이라고 한다. 동진은 4세기에 백제의 근초고왕과 외교 관계를 수립하면서 한반도에 영향력을 행사하기 시작한다.

우리나라 역시 고구려, 백제, 신라의 삼국이 치열하게 다투고 있었다. 각 나라는 한강(아리수) 유역을 차지하기 위해 노력했다. 한강 유역은 한반도의 중심으로, 교통이 편리하여 선진 문화를 받아들이기 좋았고, 넓은 평야를 중심으로 농업이 발달하여 빠르게 성장할 수 있는 곳이었다.

삼국 가운데 가장 먼저 전성기를 맞이한 나라는 백제였다. 한강 유역을 일찍 차지한 백제는 4세기 후반 근초고왕 때 전성기를 맞이하였다. 근초고왕은 남쪽으로 남해안까지 진출하였고, 북쪽으로는 고구려를 공격하는 등 영토를 확장하고, 중국의 동진, 왜 등과 교류하면서 한반도의 주도권을 장악하였다. 하지만 385년 침류왕이 세상을 떠난 뒤에는 내분이 끊이지 않았다.

4세기 말부터는 고구려의 광개토 대왕이 활발한 영토 확장에 나섰다. 광개토 대왕은 백제를 공격하여 남쪽을 차지하고, 북쪽으로는 거란을 정벌하고 후연을 공격하여 요동 지역을 차지하는 등 영토 확장에 힘쓰며 한반도에서 영향력을 행사하였다.

신라는 4세기 후반 내물왕 때 낙동강 동쪽의 진한 지역을 차지하고 체제를 갖추기 시작했다. 신라는 백제, 왜와 적대 관계에 있었으므로, 고구려에 구원을 요청하여 광개토 대왕의 도움을 받았고, 이 때문에 고구려의 정치적 영향 아래 있게 되었다.

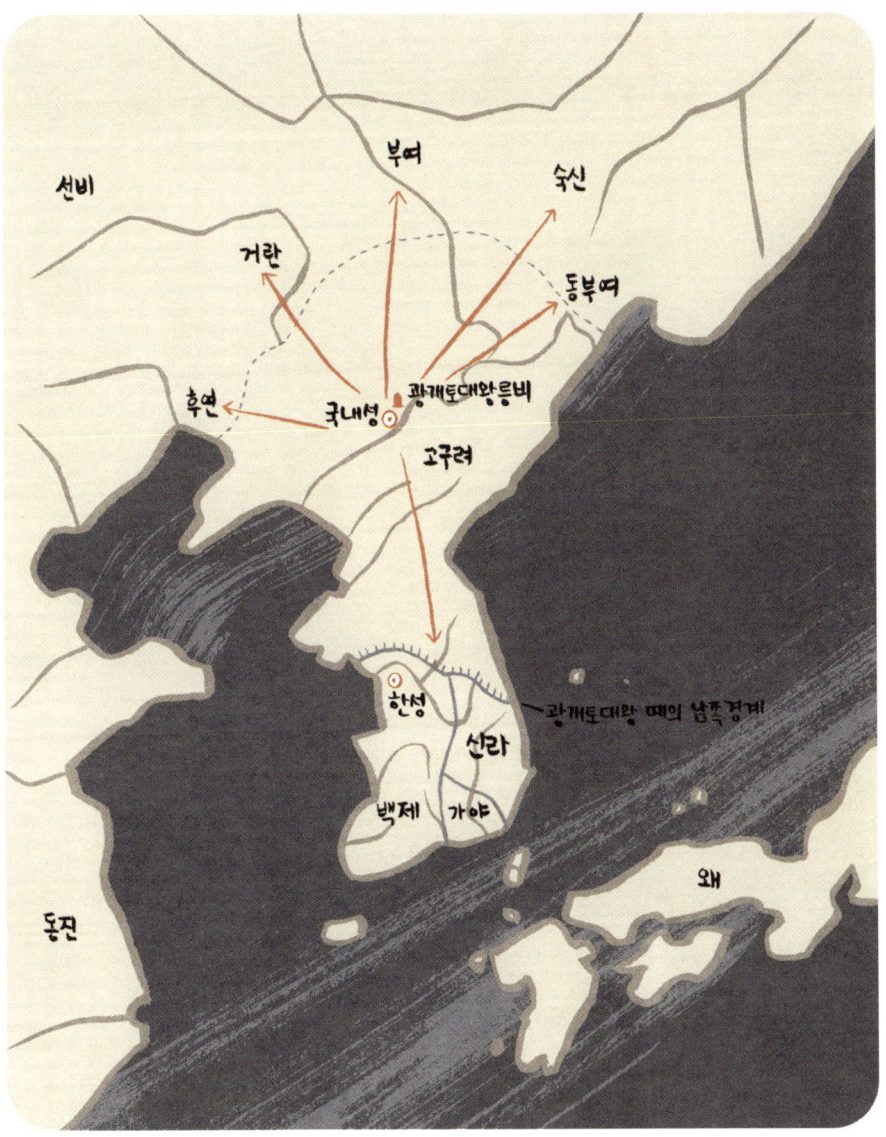

2장
생명의 소중함을 안다는 것

"준비는 다 되었느냐. 지금부터 사냥 대회를 시작하겠다. 해가 떨어지기 전까지 가장 많은 동물을 잡은 자가 승리하게 될 것이다."

담덕과 형제들은 대회의 시작에 앞서 떨리는 마음을 감출 수 없었다. 사냥 대회는 고구려의 가장 큰 축제 중 하나였고 우승자에게는 큰 포상이 내려졌기 때문이다. 이 대회를 위해 담덕과 형제들은 매일 새벽부터 체력을 단련하고 무술 훈련을 해 왔다.

"형님, 최선을 다해서 그동안 훈련했던 것을 아버님께 보여 드립시다."

"그래, 아우야. 후회가 남지 않도록 열심히 하자."

커다란 나팔 소리가 대회의 시작을 알리자 대회에 참가하는 수백 명의 사람들이 일제히 말을 타고 산속으로 들어갔다. 참가자들이 모두 출발하자 고국양왕은 사냥 대회의 감독관을 불렀다.

"그래, 이번 대회의 강력한 우승 후보는 누구인가?"

"신이 보기엔 담덕 왕자님이 우승할 것 같사옵니다."

"담덕은 우승하기엔 너무 어리지 않느냐? 물론 나이에 비해 덩치가 크긴 하지만 사냥 대회는 체격만 좋다고 해서 우승할 수 있는 대회가 아니다."

"아니옵니다. 담덕 왕자님은 이 사냥 대회를 위해 체력 단련과 무술 훈련을 하루도 거르지 않았사옵니다. 또한 밤늦도록 사냥에 관한 책을 읽는 것을 보았사옵니다."

"흠…… 그렇게 열심히 준비했단 말이냐."

고국양왕은 흡족한 얼굴로 사냥 대회가 열리고 있는 산을 바라보았다. 사실 이번 사냥 대회는 단순히 우승자를 가리기 위한 대회가 아니었다. 얼마 남지 않은 태자 **책봉**을 대비한 예비 태자들의 마지막 비밀 실전 시험이었다. 그 때문에 고국양왕은 담덕을 포함하여 아직 나이가 어린 아들들을 사냥 대회에 출전시켰다.

'어디 한번 따라가 볼까.'

고국양왕은 아들들을 살피기 위해 사냥 대회가 열리는 산으로 향했다.

'이 길로 도망간 것이 틀림없어. 발자국 모양을 보니 힘이 떨어진 것이

책봉
태자나 왕세자를 택하여 자리에 올리는 일.

분명하군.'

담덕은 사슴의 발자국을 보며 방향을 잡아 나갔다. 이번 사냥 대회를 위해 새벽 해가 떠오를 때까지 사냥감에 관해 열심히 공부한 담덕이었다.

'이 사슴은 지쳐 있는 상태고 물가 근처로 가는 것이 틀림없어. 꼭 이 사슴을 잡고 말겠어.'

말에서 내려 기척을 죽이고 사슴의 발자국을 따라가니 작은 연못에서 사슴이 목을 축이고 있었다. 담덕은 숨을 죽이고 활시위를 당겼다.

'앗, 새끼를 가졌구나!'

사슴의 배가 불룩한 것이 새끼를 가진 것이 분명했다. 담덕은 순간 고민에 빠졌다. 사냥 대회에서 우승하기 위해 만반의 준비를 했지만 새끼를 가진 사슴은 차마 쏠 수 없었다.

'그래, 이건 옳은 일이 아니야.'

담덕은 활시위를 거두었다. 아쉬웠지만 사슴을 놓아주기로 했다.

'사냥 대회에서 이기는 것도 중요하지만 생명을 함부로 여겨선 안 돼. 스스로에게 비겁한 행동은 하지 말자.'

담덕은 혼자 다짐을 하며 다른 사냥감을 잡으러 자리를 떴다.

'담덕아……, 이제 다 컸구나.'

담덕의 모습을 몰래 지켜보던 고국양왕은 흐뭇한 미소를 지었다. 어린 줄만 알았던 담덕이 이런 어른스런 행동을 할 줄은 몰랐기 때문이었다. 바로 그때, 연못에서 물을 마시던 사슴이 화살을 맞고 쓰러졌다.

"훗, 또 한 마리 잡았다."

화살을 쏜 이는 고국양왕의 둘째 아들이었다. 둘째 아들은 첫째인 담덕과 마찬가지로 무예와 지략이 뛰어났으나 품성이 교활하여 고국양왕이 걱정하던 터였다. 둘째는 담덕의 뒤를 몰래 따라오다가 새끼를 밴 사슴을 발견하고 담덕이 떠나는 것을 기다려 사냥을 한 것이었다.

'둘째 녀석은 역시 품성이 문제구나. 아무리 실력이 좋기로서니 기본이 바르지 못하면 큰 인물이 될 수 없는데…….'

고국양왕은 쓰러진 사슴을 오래도록 바라보다가 숲으로 발길을 돌렸다.

한편 담덕은 또 다른 사냥감을 발견했다.

'앗, 저기 멧돼지가 있군!'

담덕은 말을 타고 사냥감을 향해 전속력으로 달려갔다. 이번에야말로 갈고닦은 활 솜씨를 발휘하고 싶었다.

'아니, 이 멧돼지는…….'

멧돼지가 도망가는 속도가 이상했다. 가까이 가서 살펴보니 태어난 지 얼마 안 된 새끼 멧돼지였다.

"정신없이 도망치느라 어미와 떨어진 모양이구나. 어쩔 수 없지. 어미 곁으로 어서 가거라."

담덕은 이번에도 역시 멧돼지를 사냥할 수 없었다. 새끼 멧돼지를 놓아주면서 담덕은 생각에 잠겼다.

'사냥 대회 우승을 위해 새벽에 일어나 졸린 눈을 비벼 가며 매일같이 준비했지만, 옳지 않은 일을 하면서 우승하고 싶진 않다. 아무리 사냥 대회라지만 닥치는 대로 생명을 죽일 순 없지 않은가?'

담덕은 사냥 대회에서 아직 다 자라지 못한 새끼나, 새끼를 밴 어미를 사냥하는 것은 옳지 않다는 생각이 들었다. 사냥감을 구분 없이 사냥하다 보면 결국 자연에는 그 어떤 생명도 남지 않을 것이기 때문이었다.

'내가 그것을 막아야겠다.'

"삑―!"
"도망가거라!"

물을 마시고 있던 노루를 향해 둘째가 활시위를 놓으려던 순간, 담덕은 풀피리를 불었다. 담덕의 풀피리 소리를 듣고 깜짝 놀란 노루가 서둘러 숲으로 달아났다.

"아니, 형님! 지금 무엇을 하시는 겁니까?"

"지금 네가 노린 노루는 너무 어리다. 다른 사냥감을 찾아보거라."

"사냥 대회에서 그게 무슨 상관입니까?"

둘째는 흥분한 목소리로 담덕에게 따졌다.

"둘째야, 아버님께서 항상 강조하시지 않았느냐. 생명을 함부로 대하면 반드시 그 대가를 치러야 한다고."

둘째는 담덕을 흘겨보며 말했다.

"형님, 지금 보니 잡은 것이 별로 없군요. 그런 마음으로 사냥을 하시니 별로 잡지 못하신 것 아닙니까. 사냥하는 데 있어 그런 생각이 무슨 소용입니까! 형님은 날 방해하지 마십시오. 대회의 우승은 내가 할 터이니!"

둘째는 말에 올라타서 노루가 도망간 방향으로 달려갔다. 그의 망태기에는 어린 동물들이 가득했다.

"어서 도망가거라!"

담덕은 자신의 사냥도 잊은 채 숲을 돌며 어린 동물들을 대피시켰다.

'담덕의 행동이 정말로 기특하구나.'

사냥터 곳곳을 몰래 돌아보던 고국양왕은 담덕의 노력에 깊은 감명을 받았다. 다른 사냥꾼들은 한 마리라도 더 잡기 위해 혈안이 되어 있었다. 하지만 그것은 고국양왕이 바라는 바가 아니었다.

어느덧 해가 뉘엿뉘엿 지고 있었다.

'시간이 벌써 이렇게 되었구나. 어서 궁으로 돌아가자.'

사냥감들을 대피시키던 담덕은 사냥 대회가 끝날 시간이 되자 서둘러 궁으로 돌아왔다. 궁으로 모인 대회 참가자들은 저마다 동물로 가득 찬 망태기를 열어 보이며 자랑하고 있었다. 하지만 그들의 망태기에는 아직 채 자라지 못한 어린 새끼들이 그득했다.

"사냥 대회를 마치겠다. 참가자들은 망태기를 열어 보아라."

고국양왕은 감독관과 함께 참가자들의 망태기를 살펴보았다. 가장 많은 동물을 잡은 이는 다름 아닌 둘째였다.

"둘째야, 네 망태기에 동물이 가득 차 있구나."

"네, 아버님. 제가 가장 많이 잡았습니다! 이번 대회의 우승자는 바로 저입니다!"

고국양왕은 둘째의 망태기에 손을 집어넣었다. 그리고는 손바닥 크기보다 조금 더 자란 토끼를 꺼냈다.

"둘째야, 이것이 무엇이냐?"

질문을 하는 고국양왕의 목소리가 떨렸다.

"네, 그것은 토끼이옵니다."

둘째는 분위기가 심상치 않음을 느끼며 대답했다. 그러자 고국양왕은 참가자들을 바라보며 말했다.

"모두들 듣거라. 고구려의 사냥 대회는 무조건 동물을 죽이는 대회가 아니다. 먹을 것이 부족했던 기나긴 겨울이 끝나고 따뜻한 봄을 맞아 잠에서 깨어난 동물을 잡아 굶주린 백성들에게 나누어 주는 축제이니라. 따라서 몸집이 작은 새끼는 사냥을 금하고 놓아주는 것이 옳다."

참가자들은 저마다 고개를 숙였다. 다들 우승에 눈이 멀어 사냥 대회를 왜 하는지에 대해 잊고 있었다. 남을 이기기 위한 경쟁에만 몰두하다 보니 가장 중요한 것, 바로 생명의 소중함을 잊고 있었던 것이다.

고국양왕은 담덕의 텅 빈 망태기를 들고 단상으로 올라갔다.

"담덕은 다른 경쟁자가 사냥을 하는 동안 어린 생명을 보호하기 위해 노력했다. 생명의 소중함을 알고 백성의 굶주림도 해결하는 것. 그것이 사냥 대회의 본질이다. 이번 사냥 대회의 우승자는 담덕이니라!"

담덕은 크게 기뻐했다. 생명을 존중하고 소중하게 여겼던 자신의 생각이 옳았기 때문이었다.

고대 한반도의 제천 행사

고대 한반도의 여러 나라들은 3세기 무렵, 안정된 문화를 바탕으로 제천 행사를 지냈다. 제천 행사란 하늘을 숭배하는 제사 의식으로, 농사의 풍요를 하늘에 기원하고 곡식을 거둔 후 하늘에 감사하는 행사였다.

다음은 진나라 사람인 진수가 쓴 《삼국지 위서 동이전》에 기록된 한반도 고대 국가들의 제천 행사에 대한 내용이다.

1. 부여 - 영고

以殷正月祭天, 國中大會, 連日飮食歌舞, 名曰迎鼓, 於是時斷刑獄, 解囚徒.
이은정월제천, 국중대회, 연일음식가무, 명왈영고, 어시시단형옥, 해수도.

은나라 정월에 열리는 제천은, 나라의 큰 모임으로 연일 먹고 마시고 노래하고 춤추며, 이때에는 형옥을 중단하고 죄수를 풀어 준다. 이를 영고라 일컫는다.

- 은나라 정월은 12월~1월 사이로 추정된다. 부여 사람들은 매년 종교 의례로 온 나라 백성이 모여 하늘에 제사를 지내고 며칠을 이어 술을 마시고 노래를 부르며 춤을 추었다고 한다. 이날에는 재판을 열어 죄수를 풀어 주었는데, 이는 왕의 넓은 아량을 보여 주는 행위였다.

2. 고구려 - 동맹

其國東有大穴, 名隧穴, 十月國中大會, 迎隧神還于國東上祭之, 置木隧于神坐.
기국동유대혈, 명수혈, 십월국중대회, 영수신환우국동상제지, 치목수우신좌.

나라의 동쪽에 큰 굴이 있는데, 수혈이라 한다. 10월에 나라의 큰 모임에서 나라의 동쪽 위에서 신을 맞이하여 제사를 지내는데, 나무로 만든 신을 둔다.

- 고구려는 10월에 동맹이라는 제천 행사를 지냈다. 시조인 주몽과 주몽의 어

머니 하백의 딸 유화를 신으로 생각하고 압록강변의 동굴을 행사의 장소로 삼았으며, 나무로 만든 모형을 놓고 며칠에 걸쳐 축제를 벌였다고 한다.

3. 동예 – 무천

常用十月節祭天, 晝夜飮酒歌舞, 名之爲舞天, 又祭虎以爲神
상용십월절제천, 주야음주가무, 명지위무천, 우제호이위신

매년 10월이면 하늘에 제사를 지내고, 낮과 밤으로 술을 마시고 노래를 부르며 춤을 춘다. 이것을 '무천'이라 하고, 호랑이를 신으로 여겨 제사 지낸다.

– 동예 사람들은 10월이 되면 높은 산에 올라가서 무천 의식을 거행하였다. 백두 대간 줄기에 위치했던 동예는 호랑이가 많아 호랑이를 신으로 삼고, 낮밤 가리지 않고 축제를 열었다고 한다.

4. 삼한 (마한, 진한, 변한)

삼한에서는 씨를 뿌리고 난 5월과 추수를 하고 난 10월에 제사를 지내는 제천 행사가 있었다. 농사가 잘되는 지역이라 1년에 2번 제사를 지냈다고 한다.

3장
기회는 준비된 자에게 오는 법

"전군 **전열**을 갖춰라. 실제 전투라 생각하고 훈련에 최선을 다해 임하라!"

고국양왕은 고구려군의 훈련에 직접 참가했다. 후연의 군주 모용수와의 전쟁에 대비한 것이었다.

"그래, 지금 후연의 상황은 어떠한가?"

"하북 지역이 혼란스럽다고 들었사옵니다. 여러 군주의 치열한 싸움이 계속되고 있으며, 그중 모용수의 군대가 힘을 내고 있는 것 같사옵니다."

"더 정확한 사정은 모른다는 이야기로구나. **염탐**꾼을 보내어 사정을 자세히 알아보게 해야 할 것이다."

당시 중국은 5호 16국 시대로 많은 나라들이 대륙을 차지하기 위해 다

투던 시기였다. 그중 후연은 하북(허베이) 지역에 자리를 잡고 있었다. 원래 멸망한 전연이라는 나라의 왕족이었던 모용수는 후연을 새로 건국하고 세력을 키우고 있는 중이었다.

이야기를 듣고 있던 담덕은 조심스레 입을 열었다.

"아버님, 가능하다면 제가 염탐꾼으로 가 봐도 되겠습니까?"

고국양왕은 깜짝 놀랐다.

"담덕아, 너는 고구려의 미래를 이끌어 갈 왕자이다. 몸조심을 해야 한다. 게다가 너는 후연에 대해 전혀 모르지 않느냐?"

"아닙니다, 아버님. 저는 그동안 고구려 밖의 나라에 대해 끊임없이 공부해 왔습니다. 특히 후연은 주된 공부의 대상이었습니다. 그동안 공부해 온 것을 실전에서 펼쳐 보고 싶습니다."

고국양왕은 걱정 속에서도 솔선수범하는 담덕이 대견스러웠다.

"그래, 알겠다. 그럼 나의 호위 무사들과 같이 가거라."

"아닙니다. 제가 예전에 훈련시켰던 국경 마을의 아이들을 데리고 가겠습니다. 이런 날을 대비하여 미리 준비를 시켜 놓고 있었습니다."

전열
전쟁에 참가하는 부대의 대열.

염탐
남의 사정이나 비밀 따위를 몰래 알아내는 것.

"정말 준비가 대단하구나! 그러면 이번 기회에 고구려 밖으로 한번 나가 보거라."

담덕은 서둘러 짐을 싸서 국경 마을로 출발했다.

하북 지역의 상황을 염탐한 담덕과 국경 마을 아이들은 후연이 고구려를 위협하려 한다는 소식을 듣고 대책을 의논했다.

"큰일이다. 후연의 모용수가 하북 지역을 평정하고 고구려를 노리고 있다는 소식이다. 이미 요동성을 차지하고 당장 내일이라도 공격을 시도하려고 한다는군. 이 사실을 어서 전하께 전해야겠다."

후연의 모용수는 난폭하고 잔인한 성격으로 유명했다. 주변의 약한 나라들을 차례차례 점령하여 힘을 불리더니 이제는 하북 지역을 넘어 한반도까지 넘보는 상황이었다.

"우리가 여기 있을 것이 아니라 국내성으로 돌아가 고구려군과 힘을 합쳐야 하는 것 아닙니까?"

"아니다. 후연의 병력을 보니 국내성에 있는 고구려군이 정면으로 공격한다면 피해가 클 것이다. 우린 후연 군사의 옷을 입고 요동성으로 몰래 숨어들 것이다."

"예? 우리가 요동성으로 들어간단 말입니까? 그건 안 됩니다. 우리 숫자로는 들어간다고 해도 이길 확률이 없습니다."

"걱정 말거라. 이는 병법서에 나오는 **혼수모어** 작전이다. 물고기를 잡기 위해서는 물을 흐리게 만들어야 한다. 즉 적의 내부를 혼란스럽게 만들면 스스로 무너져 방어가 느슨해질 것이다. 왕께서 요동성 근처에 도착하면 우리가 성 안쪽에서 신호를 하여 성문을 열고 우리 군대를 맞이할 것이다. 그러면 후연군은 혼란에 빠지게 될 것이다."

담덕은 요동성에 몰래 숨어들 계획을 세우고, 고국양왕에게 전갈을 보냈다.

"뭐라고? 후연이 요동성에서 군사들을 훈련시키고 있다니! 이번 기회에 모용수와 후연에게 고구려의 힘을 보여 주어야겠다. 전군 출정 준비하라."

고국양왕은 담덕의 전갈을 받고 출정 준비를 하였다.

한편, 담덕과 아이들은 후연의 복장을 준비하여 모용수의 군대에 들어갔다. 담덕은 어릴 적부터 글공부를 열심히 하여 후연뿐 아니라 고구려 주변 여러 나라의 말을 할 수 있었다. 무슨 일이 생기면 담덕이 대표로 병사들과 이야기를 하였고 항상 몸가짐을 조심히 하여 후연의 병사들에게 의심받지 않도록 주의했다.

"모두들 들거라. 나의 뛰어난 지략과 힘으로 우리 후연은 하북의 주인이 되었다. 우리는 계속 뻗어 나가 영토를 넓혀야 한다. 모두들 알고 있듯이 동쪽의 고구려는 막강한 힘으로 만주를 위협하고 있다. 우리가 먼저 공격하여 고구려에게 우리의 힘을 보여 주어야 한다. 강력한 힘으로 고구려를 무릎 꿇게 만들자!"

혼수모어(混水摸魚)
섞을 혼, 물 수, 찾을 모, 고기 어. 물을 섞어 흐리게 한 뒤 고기를 잡는다는 뜻으로 적군의 내부를 혼란스럽게 한 뒤 승리를 얻는 전략을 말한다.

모용수는 후연의 병사들에게 준비를 갖출 것을 명했다. 곧 있을 고구려를 향한 진군에 대비한 것이었다.

담덕과 아이들은 이 이야기를 고스란히 들었다.

"잘 들어라. 3일 후 보름달이 뜰 것이다. 왕께서 말씀하시길, 보름달이 뜨는 날 고구려의 4만 대군이 요동성에 도착한다고 하였다. 우린 보름달이 뜨는 날 고구려군이 도착하는 것에 맞추어 성문을 열어야 한다. 모두들 정신 바짝 차리거라."

담덕은 모두에게 작전을 말하며, 주의를 주는 것도 잊지 않았다.

3일 후, 고국양왕은 4만 대군을 이끌고 요동성에 도착했다.

"아니, 후연이 이렇게나 튼튼하게 방어를 하고 있단 말인가? 하북을 평정했다는 이야기는 들었지만 모용수가 이 정도였을 줄이야……."

요동성 성문에 휘날리는 후연의 깃발을 보고 고국양왕은 낙담했다. 후연의 모용수에 맞서 요동성을 공격하기 위해 밤낮으로 달려왔지만 후연의 방어가 워낙 튼튼해 보였기 때문이었다. 이때였다. 후연의 군복을 입은 한 병사가 고구려군으로 접근하였다.

"담덕 왕자의 전갈이옵니다. 지금 요동성 안에서 공격 신호를 기다리고 있사옵니다. 준비가 되면 신호를 주시옵소서."

"담덕이? 위장 전술을 사용했구나!"

고국양왕은 담덕의 전갈을 받자마자 당장 공격 준비를 했다.

"오늘 새벽은 보름달이 밝게 떠 있어 공격하기에 안성맞춤이다. 요동성을 빼앗고 후연의 모용수에게 다시는 우리 고구려를 넘볼 수 없도록 고구려군의 힘을 보여 줘야 한다. 담덕에게 가서 준비를 하라고 전하라."

"네. 속히 가서 준비하겠습니다."

요동성 안에서 담덕과 아이들은 성문 가까이에서 대기하고 있었다. 고국양왕의 답이 오면 바로 성문을 열기 위해서였다. 보름달이 떠오르기 시작하였다.

"전군, 공격하라!"

고국양왕의 공격 명령과 함께 나팔 소리가 어두운 새벽을 갈랐다.

"지금이다. 성문을 열어라!"

담덕은 고구려군의 나팔 소리를 듣고 성안에 대기하고 있던 아이들과 함께 힘을 합쳐 요동성의 성문을 열었다. 열린 성문으로 고구려의 4만 대군이 물밀듯이 쏟아져 들어왔다.

"아니, 이게 무슨 소리인가?"

모용수는 고구려군의 우렁찬 함성 소리에 깜짝 놀랐다. 모용수는 하북 지역을 평정한 뒤 자만심에 도취되어 방심하고 있었다. 다급해진 모용수는 소리를 지르며 장수들을 불렀다.

"어서 병사들을 깨워라. 전열을 정비하고 고구려군과 싸우란 말이다! 장군들은 다 어디에 있는 것이냐!"

"왕이시여! 큰일입니다. 다들 보이지 않습니다!"

모용수가 소리를 지르며 장군들을 찾았지만 모두들 잠에 취해 정신을 못 차리고 허둥댈 뿐이었다.

"네 이놈, 모용수야! 그래, 우리 고구려가 그리 만만하단 말이더냐? 하

북의 왕이라고 기고만장한 모습이 참 우습도다. 고구려군의 용맹함을 모르다니 어리석구나!"

담덕은 모용수를 무릎 꿇리고 고국양왕을 맞이했다.

"고구려의 위대한 왕이시여, 우리가 잘못했습니다. 다시는 고구려를 넘보지 않겠습니다."

모용수와 후연의 병사들은 고국양왕 앞에서 무릎을 꿇었다. 하북을 평정했던 군주는 초라한 모습으로 고개를 떨구었다.

"이제 고구려의 힘을 잘 알겠느냐?"

"그렇사옵니다. 죽을죄를 지었습니다."

"이번엔 특별히 살려 주겠다. 앞으로 고구려에게 충성을 맹세하고 항상 예의를 갖추거라."

고국양왕은 넓은 아량을 베풀어 모용수를 살려 주었다.

"담덕아, 어떻게 후연의 병사로 위장하여 숨어들 생각을 하였느냐? 너의 훌륭한 작전 덕분에 요동성을 빠르게 점령할 수 있었다."

"옛날 중국의 병법서에 위장 전술에 대한 내용이 있었습니다. 전략과 전술에 관한 책을 꾸준히 읽었는데 이번에 큰 도움이 되었습니다."

고국양왕은 뿌듯한 얼굴로 담덕을 바라보았다. 후연의 말을 익히고, 마을 아이들을 훈련시킴과 동시에 병법서까지 꾸준히 공부했던 담덕은 준비된 고구려의 왕이었다. 고국양왕은 미래의 고구려가 떠오르는 태양처럼 찬란하리라는 확신이 들었다. 더불어 고국양왕의 여러 아들 중 담덕을 태자로 삼아야겠다는 생각이 더욱 확고해졌다.

"지금부터 태자 책봉식을 시작하겠노라. 담덕은 고개를 들라."

386년, 담덕의 태자 책봉식이 거행되었다.

"담덕은 나의 뒤를 이어 고구려를 이끌어 갈 수 있겠느냐?"

"예. 단군왕검의 뒤를 이어 홍익인간의 정신을 널리 전파하고, 고구려를 잘 이끌어 나가겠사옵니다."

담덕은 자신감에 찬 목소리로 대답했다.

고국양왕은 담덕을 자신의 뒤를 이어 고구려를 이끌어 갈 인물로 정했다. 여러 형제들 중 훌륭한 인품과 성실한 자세가 돋보였기 때문이었다. 무엇보다 요동성 전투에서 보여 준 철저한 준비성이 고국양왕의 마음을 굳히게 만들었다. 비록 몇 달 뒤 후연에게 요동성을 다시 빼앗겼지만 말이다.

"형님, 정말 축하드립니다."

"오라버니, 고구려를 부강한 나라로 만들어 주세요."

배려심 깊었던 담덕은 맏이로서 동생들에게 항상 양보하며 지내 왔다. 덕분에 담덕은 동생들과 우애가 깊었다. 둘째 동생을 비롯한 여러 형제들 모두 진심으로 담덕의 태자 책봉을 축하했다.

"지금처럼, 아니 지금보다 더 훌륭한 사람이 되어야 한다. 고구려인의 기상을 만주 벌판에 보여 주어야 한다. 믿는다, 담덕아."

담덕의 어머니는 자랑스러운 얼굴로 담덕을 바라보았다.

기회는 준비된 자에게 오는 법이다. 매사에 철저한 준비로 좋은 결과를 만들었던 담덕은 이제 고구려를 이끌어 갈 자격을 충분히 갖추게 되었다.

우리나라의 4대 대첩

크게 이긴 전투를 '대첩'이라고 한다. 우리나라 역사상 크게 이겨 역사에 기록된 네 전투인 4대 대첩에 대해 알아보자.

1. 살수 대첩

고구려 영양왕 때인 612년, 고구려와 중국 수나라가 살수(청천강)에서 벌인 큰 싸움을 말한다. 수나라의 황제인 양제는 113만 명이나 되는 대군을 이끌고 고구려에 쳐들어왔다. 고구려는 수나라 군사들을 맞아 용감히 싸워 물리치고 요동성을 지켜 냈다. 그러자 양제는 작전을 바꾸어 수나라 장수 우중문에게 30만 명의 대군을 주고 고구려의 평양성으로 직접 쳐들어가게 했다. 당시에 고구려군을 이끌던 장수는 을지문덕이었다. 수나라군이 압록강 근처에 자리를 잡자 을지문덕은 수나라군을 물살이 거센 살수 근처로 끌어오기 위하여 일부러 싸움을 걸고 지는 척을 하였다. 마침내 수나라군이 살수를 건너게 되자 숨어 있던 고구려군이 사방에서 수나라군을 공격하여 큰 승리를 거두었다. 이 전투를 살수 대첩이라고 한다.

2. 귀주 대첩

1018년, 거란의 10만 대군은 고려의 수도 개경을 침공하기 위해 남쪽으로 내려왔다. 고려의 장군 강감찬은 거란의 군사들이 압록강을 건너고 있을 때 막아 두었던 강물을 갑자기 흘려보내 큰 승리를 거두었다. 이듬해 계속되는 전투로 지쳐 있던 거란군이 귀주 근처를 지나가게 되었을 때, 강감찬은 계곡 쪽에 숨어 있던 고려군에 신호를 보내 삼면에서 한꺼번에 화살 공격을 하도록 했다. 이에 살아남아 도망간 거란군은 수천여 명에 불과하였다. 이 전투를 귀주 대첩이라 한다.

3. 한산도 대첩

임진왜란이 일어나고 왜군은 육지에서 계속 승리를 거두었으나 바다에서는 전라 좌수사 이순신의 활약으로 힘을 쓰지 못하고 있었다. 그러자 일본은 많은 병선과 수군을 모집하여 바다를 장악하려 하였다. 1592년, 이순신은 거제도와 통영 사이에 있는 한산도에서 왜군을 격파하기로 작전을 짜고 왜군을 유인하였다. 이에 일본 함대는 물살이 세고 좁은 한산도 앞바다로 모이게 되었고, 이때 기다리고 있던 조선의 배들이 학의 날개 모양으로 적을 둘러싸는 학익진을 구축하여 왜군을 공격하였다. 이 전투로 일본 병선은 대부분 격파되었고, 조선은 큰 승리를 거두었다. 이 전투를 한산도 대첩이라 한다.

4. 행주 대첩

임진왜란 중이던 1593년, 권율 장군은 병사들과 함께 행주산성에 머물고 있었다. 1만여 명의 왜군을 거느린 총대장 우키타는 행주산성을 공격하기 위해 7개의 부대로 나누어 총공격을 지시하였다. 하지만 행주산성은 뒤에 한강이 흘러 앞으로만 공격이 가능한 요새였다. 권율의 지휘 아래 군사는 물론 백성, 의병들까지 모두 힘을 합하여 왜군에 맞서 싸웠다. 새로운 무기를 동원하여 싸운 것은 물론, 성안의 부녀자들이 긴 치마를 잘라 짧게 만들어 돌을 날라 성벽으로 떨어뜨려 적에게 큰 피해를 주었다. 이에 왜군은 큰 피해를 입고 물러갔다. 이 전투를 행주 대첩이라 한다.

〈행주 대첩 기록화〉

4장
부모님의 마음을 읽다

어슴푸레한 새벽녘, 해가 뜨기 직전이었다. 고국양왕의 침실 창가에 희뿌연 그림자가 어른거렸다.

'아우, 잘 지내시는가?'

'형님, 이곳까지는 어인 일이십니까? 정말 보고 싶었습니다. 어떻게 지내십니까?'

'나는 이곳에서 편안하게 지내고 있네. 자네도 슬슬 준비를 해야겠구먼.'

'벌써…… 그렇게 된 것입니까?'

고국양왕은 땀범벅이 된 채로 꿈에서 깨어났다. 고국양왕은 건강이 좋지 않아 궁에서 몸조리를 하고 있었다. 담덕을 태자로 책봉한 뒤 가뭄으로 힘들어하는 백성들을 돌보고, 국경을 튼튼히 하느라 지쳐 있던 때였다.

'형님이 꿈에 나오다니……. 시간이 이렇게나 빨리 간단 말인가. 이제는 떠나야 할 시간이 왔구나.'

고국양왕의 형이었던 소수림왕은 고구려의 기틀을 세운 훌륭한 왕이었다. 백성들의 마음을 하나로 모으기 위해 불교를 받아들이고, 이를 널리 퍼뜨리기 위해 노력했다. 또한 교육과 법에 관심이 많아 국립 교육 기관인 **태학**을 설립하고 고구려 최초로 법을 제정하여 백성들에게 알렸다. 이처럼 소수림왕은 나라의 질서와 국가의 체제를 잡은 왕이었다. 고국양왕은 그런 소수림왕을 도와 국가의 기본을 다지기 위해 노력하였다.

자식이 없었던 소수림왕은 동생인 고국양왕에게 왕위를 물려주었다. 고국양왕은 소수림왕의 통치 방식을 이어받아 고구려를 다스렸다. 백성들의 삶은 안정되었고 점차 풍요로워졌다. 고국양왕으로서는 백성들을 두고 눈을 감는 것이 못내 아쉬웠지만 태자 담덕이 든든하게 버티고 있기에 걱정은 없었다. 한 가지 마음에 걸리는 것은 고구려가 아직 대륙의 주인이 되지 못했다는 것이었다. 아직도 고구려인들은 대륙의 나라에게 업신여김을 당하고 있었고, 대륙에서 온 사신들은 고구려에 **조공**을 요구했다.

태학
고구려 때 귀족의 자제들에게 학문을 가르치던 국립 교육 기관.

조공
중국 주변에 있는 나라들이 정기적으로 중국에 사절을 보내 예물을 바치던 일.

고국양왕은 소수림왕을 꿈에서 만난 다음 날부터 병세가 더욱 악화되었다. 특히나 음식을 삼켜 소화시키지 못하고 계속 토하기만 했다. 담덕을 비롯한 형제들은 걱정이 이만저만이 아니었다.

날이 갈수록 고국양왕의 상태가 위중해지자 태자 담덕이 매일 그 곁을 지켰다.

"담덕아."

어느 날 침상에 누운 고국양왕이 담덕을 조용히 불렀다.

"예, 아버님."

담덕은 속으로는 놀랐지만 차분히 대답했다. 고국양왕은 병환으로 침상에 누운 이후 전에 없이 편안한 얼굴을 하고 있었다. 음식을 삼키지 못하고 움푹 파인 두 볼과 퀭한 눈을 하고 있던 모습은 간 데 없이, 낯빛은 고왔으며 표정은 안정되어 있었다.

"바람을 쐬고 싶다. 너에게 하고 싶은 이야기가 많구나."

담덕은 고국양왕을 부축하여 창가에 함께 앉았다. 아버지와 아들은 같은 곳을 보고 있었다. 평원 너머 별이 반짝이는 하늘을.

바람 소리만 들리는 고요한 새벽이었다. 고국양왕이 담덕에게 속삭이듯 말했다.

"저 성 밑의 병사들이 보이느냐. 잠도 자지 않고 이 시각에 고구려를 지키고 있는 저들의 용맹함이 보이느냐."

"예, 아버님. 보입니다."

"그럼 저 언덕 너머의 소리가 들리느냐. 고달픈 하루 일을 마치고 잠들어 있을 백성들의 숨소리가 들리느냐."

"예, 아버님. 들립니다."

"부탁이 있다, 담덕아."

"말씀하십시오, 아버님."

"나는 곧 형님이 계신 저세상으로 떠날 것이다. 그러면 나의 뒤를 이어 네가 왕이 될 것이다. 한 나라의 왕으로 산다는 것은 네 두 어깨에 선왕들의 영혼을 짊어지고, 백성들의 영혼까지 짊어져야 하는 것이다."

"아버님께 아직 배울 것이 너무나 많습니다. 이렇게 일찍 저희 곁을 떠나시면 안 됩니다. 아버님이 다스리시면서 이제야 고구려는 태평성대를 맞을 준비를 하고 있지 않습니까."

"선왕이신 소수림왕께서 다져 놓으신 기틀을 나는 조금 더 단단하게 다졌을 뿐이다. 아직 이루지 못한 것이 많으나 형님께서 나를 부르시는구나. 이 고구려를 너에게 넘기고 나는 떠나야 한다."

"아버님……."

"내가 지금 죽는 것은 슬프지 않으나 한 가지 아쉬운 점은 선왕께서 내게 맡기신 **과업**을 이루지 못하였다는 것이다. 네가 어릴 적에 함께 산에 올라 드넓은 대륙을 바라보았던 것을 기억하느냐?"

"네, 아버님. 기억합니다. 새로운 정신을 세워야 한다고 하지 않으셨습니까? 그렇기에 아버님께서 어서 병세를 회복하시고 적들을 무릎 꿇게 하셔야 하지 않겠습니까? 제가 가장 앞에서 싸우겠습니다."

고국양왕은 조용히 미소 지었다.

"담덕아, 선왕들과 형님께서 나를 부르는 데에는 이유가 있다. 여기까지가 내 일인 것 같구나. 하늘이 내게 준 과업을 너에게 넘길 때가 되었다."

"하늘이 내린 과업……."

담덕은 고개를 끄덕였다. 아버지와 선왕들은 담덕에게 분명히 해야 할 일을 주고 떠나는 것이다.

"나는 너에게 왕위를 물려줄 모든 준비를 다 했다. 너도 이제 왕위를 물려받을 준비를 하거라. 백성들의 삶이 어떤지 직접 보고 오너라. 동서남북으로 우리 고구려의 영토를 모두 보고 오거라. 고구려의 경계를 직접 밟아 보고, 우리 고구려의 거대함을 느껴 보아라. 내 마지막 명령이자 아비로서의 부탁이다."

"예, 아버님. 명령 받들겠습니다. 제가 돌아올 때까지 떠나시면 안 됩니다. 부디 기다려 주십시오."

활활 타오를 듯한 눈빛으로 담덕이 대답했다. 그 눈빛 속에 모든 것이 담겨 있는 것 같았다. 고국양왕은 기다리겠노라 대답하지 않았다. 옷자락을 펄럭이며 일어나는 담덕의 뒷모습을 조용히 지켜볼 뿐이었다.

담덕은 가슴 깊숙한 곳에서 끓어오르는 이 감정을 어떻게 설명해야 할지 알 수 없었다. 담덕은 뜨거운 눈물을 삼키며 아버지의 마지막 명령을 따

과업
꼭 해야 할 일이나 임무.

르기로 결심했다.

'이렇게 떠나면 아버님의 마지막은 지킬 수 없을지도 모른다. 내가 아버님을 위해 무엇을 더 할 수 있겠는가. 아버님의 마지막 명령을 따르겠다. 지금 내가 아버님을 위해 할 수 있는 것, 그리고 나를 위해 할 수 있는 최선일 것이다.'

담덕은 떠날 채비를 하고 다음 날 고국양왕을 찾았다. 어젯밤의 평온했던 아버지가 아니었다. 고국양왕은 병색이 매우 짙은 얼굴을 하고 있었다. 금방이라도 떠날 사람처럼……. 담덕은 목구멍을 타고 올라오는 뜨거운 감정을 삼키며 말했다.

"아버님, 담덕입니다."

"그래……."

"어제 당부하신 말씀대로 백성들의 삶과 고구려의 영토를 직접 느끼러 떠나겠습니다."

"백성들, 병사들과 직접 이야기를 나누어 보는 것 잊지 말거라……. 그들의 말 속에 선왕들의 가르침이 녹아 있을 것이다. 그들의 말에 귀 기울이면 내 말이 들려올 것이다. 내가 너에게 줄 수 있는 마지막 가르침이다."

담덕은 고국양왕 앞에 무릎을 꿇었다.

"아버님……!"

"약한 모습은 보이지 말거라. 이 아비는 영원히 너를 지켜 줄 것이다."

"아버님의 마지막을 지키게 해 주십시오."

고개 숙인 담덕을 보며 고국양왕은 고개를 돌렸다.

"네가 어디에 있든지 나는 너와 함께 있을 것이다. 걱정하지 말거라. 더 지체하지 말고 지금 바로 그들에게 가거라."

담덕이 천천히 돌아서자, 그제야 고국양왕은 담덕의 뒷모습을 바라보았다. 담덕의 믿음직스러운 커다란 등이 보였다. 그 등에서 말을 탄 고구려의 병사들이 활을 쏘는 모습이 보였다. 밥을 짓는 고구려 아낙의 모습도 보였다. 농사를 짓는 백성들의 노랫소리가 들렸다. 고구려의 운명은 이제 담덕에게 달렸다.

담덕은 성을 나섰다. 담덕과 호위 무사들의 말은 먼저 북쪽을 향해 달렸다. 북쪽에서는 국경 지대 백성들의 이야기를 들었다. 북쪽의 혹독한 추위에 맞서 살아가는 법을 익힌 백성들의 이야기를 들었다.

담덕과 호위 무사들은 이듬해 봄, 추운 지역에서 씨 뿌리는 농민들을 도왔다. 북쪽 땅은 농사를 짓기에 척박함에도 불구하고 그들은 온 힘을 기울여 씨를 뿌렸다.

산짐승을 사냥하여 가죽을 벗겨 파는 백성들의 이야기도 들었다. 그들은 산세가 험준하여 동물을 한 마리도 잡지 못하는 날에는 나물을 캐다 멀건 죽 같은 것을 끓여 끼니를 잇고 살았다. 담덕은 그들에게서 산의 지형을 타고 이동하는 법을 배우고 산에서 살아남는 법을 익혔다. 올가미를 쓰는 법과 산에게 예의를 지키는 법도 배웠다.

계절이 바뀌자 다시 담덕과 호위 무사들의 말은 남쪽으로 끊임없이 달렸다. 도중에 해안가 백성들의 삶도 살펴보았다. 도성 근처에서만 보던 백성의 삶과 직접 만나 본 백성의 삶은 달랐다. 남쪽 국경 지역의 백성들은 백

제군이 쳐들어올지 모른다는 불안감을 안고 하루하루 살고 있었다. 내륙 지역 백성들은 주로 농사를 짓고 살기에 날씨가 가장 큰 걱정이었다.

담덕은 고구려의 동쪽과 서쪽까지 모두 가서 백성들의 삶의 모습을 직접 만났다. 그러면서 담덕은 고국양왕의 깊은 뜻을 깨달았다.

'아버님께서 나를 떠나게 하신 데에는 깊은 뜻이 있었다. 우선 고구려 백성들의 생활부터 안정시켜 놓아야 밖으로 뻗어 나갈 수 있는 것이다. 고구려의 번영은 안에서부터 시작되는 것이다. 이것이 아버님께서 세상을 떠나기 전 내가 깨닫길 바라셨던 것이구나.'

담덕은 아버지가 계신 궁으로 서둘러 가기 위해 걸음을 재촉했다. 다음 날이면 궁에 들어가 아버지를 만날 수 있었다. 담덕과 호위 무사들은 짐을 풀고 피곤한 몸을 뉘었다.

'담덕아, 거기 있느냐.'

'아버님, 소자 여기 있사옵니다. 몸도 불편한데 어인 일이십니까?'

'태자여, 나는 형님을 뵈러 떠날 시간이 되었다. 이제 그대가 고구려의 왕이 될 것이다. 작은 나라의 왕이 아닌 만주 벌판의 대왕이 되거라. 단군왕검의 뜻을 이어받아 민족의 기상을 대륙에 뽐내 보거라. 넌 할 수 있다.'

'아버님! 저와 함께 만주로 가셔야지요!'

담덕은 땀에 젖은 몸으로 벌떡 일어났다. 몸이 떨리고 코끝이 찡해졌다. 밤하늘을 올려다보니 별똥별 하나가 떨어지고 있었다.

담덕 일행이 궁에 도착했을 때는 이미 나라 전체가 슬픔으로 가득 차 있었다. 궁에 들어서자 모든 사람들이 눈물을 흘리며 담덕에게 다가왔다.

"오라버니! 아버님이 이미……."

"그래, 알고 있다."

담덕은 조용히 하늘을 쳐다보았다.

"전하, 이제 태자가 아닌 고구려의 왕으로서 **옥좌**에 앉으시지요."

담덕은 옥좌를 가만히 쳐다보았다. 아직도 고국양왕이 따스한 미소로 자신을 쳐다보고 있는 것 같았다.

언제나 부모님에 대한 효심으로 가득했던 담덕. 그는 부모님의 사랑을 당연하게 여기지 않고 언제나 마음을 다해 섬기려 했다. 이제 아버지가 남긴 과업을 이어받을 때가 되었다.

'아버님, 저에게 주신 사랑으로 고구려를 다스리겠습니다. 하늘에서 지켜봐 주세요.'

옥좌
임금이 앉는 자리 또는 임금의 지위.

5장
함부로 무릎을 꿇지 마라

"신라에서 왔사옵니다. 고구려 왕이시여, 축하드리옵니다."
"그래, 나의 즉위를 축하하러 왔는가?"

담덕이 고구려 왕으로 즉위했다는 소식은 한반도를 넘어 중국 대륙까지 전파되었다. 이에 고구려와 가까이 있는 여러 국가들에서 사신을 보냈다. 하지만 사신들 모두가 축하를 하러 온 것은 아니었다.

특히 중국에서 온 사신들은 거만한 태도를 보였다. 옥좌 위에 앉아 살펴보니 동진에서 온 사신단은 고개를 들고 마치 그들이 주인인 양 행세하고 있었다. 담덕은 기분이 몹시 나빴다.

'대륙에서 온 사신들이 건방지게 고구려를 얕잡아 보고 있구나. 기다리거라. 곧 힘을 키워 고구려가 어떤 나라인지 보여 줄 테니.'

"우린 동진의 사신이오. 그대가 고구려의 왕이 되었다는 얘기를 듣고 축하하러 왔소."

동진의 사신들이 으스대며 맨 마지막으로 담덕을 찾았다. 그 무례한 말과 행동에 담덕은 크게 화가 났다. 하지만 자신의 즉위를 축하하러 온 사신이기에 화를 삭이며 인사를 받았다.

"그래, 동진에서 축하하러 오셨소. 고맙소이다."

"축하는 축하고 우리가 온 이유는 따로 있소. 그대가 왕이 되었으니 이제 동진에 대한 **공물**과 **볼모**는 책임지고 그대가 맡아서 꼬박꼬박 보내 주시오."

동진에서 온 사신의 무리한 요구를 듣고 담덕은 더 이상 화를 참을 수 없었다.

"뭐라? 지금 일개 사신이 대국 고구려의 왕 앞에서 말버릇이 그게 무엇이냐! 게다가 공물과 볼모? 내 이놈들을 가만두지 않을 것이다."

동진
중국 남북조 시대에, 진나라 멸망 후 왕족 사마예가 317년에 지금의 난징에 수도를 정하여 세운 나라.

공물
지방이나 주변 나라에 부과하여 바치도록 한 물건.

볼모
약속을 지키기 위한 담보로 상대편에 잡혀 두는 사람이나 물건.

거대한 몸집의 담덕이 화를 내며 옥좌에서 일어나자 사신들은 화들짝 놀랐다.

"우…… 우린 동진의 사신이다!"

"동진의 사신? 그게 뭐 어떻단 말이냐? 이곳은 한민족의 정기를 이어받은 고구려 땅이다. 그리고 난 그 고구려를 대륙으로 이끌어 갈 고구려의 왕이다! 다시는 우리에게 대접받을 생각은 하지 말거라!"

담덕은 크게 화를 내며 소리쳤다. 이는 고구려의 자존심이 걸린 문제라고 생각했다.

"지…… 지금 뭐라 하셨소? 고구려는 역사적으로 우리를 아버지의 나라로 섬겼소. 자꾸 이렇게 버릇없이 나오면 본국으로 돌아가 이 사실을 그대로 황제에게 고할 것이오. 어서 사과하시오!"

사신은 당황해하면서도 지지 않으며 담덕에게 쏘아붙였다.

"황제? 안 되겠군. 이놈들을 내가 고이 보내지 않을 것이다! 여봐라, 이놈들을 당장 포박하여 무릎 꿇리거라!"

담덕이 호위 무사들에게 명령했을 때였다. 고국양왕이 다스릴 때부터 고구려를 위해 헌신했던 신하들이 갑자기 담덕 앞으로 나왔다. 그리고 단체로 무릎을 꿇고 담덕에게 고하였다.

"왕이시여, 다시 생각해 주시옵소서."

"아니, 이 무슨 일인가? 도대체 왜들 그러는가?"

담덕은 깜짝 놀란 얼굴로 신하들을 쳐다보았다.

"전하, 동진은 진나라의 정통성을 이어받은 황제의 나라이옵니다. 지금

동진에서 온 사신은 황제의 **칙사**이옵니다. 황제의 나라에서 온 만큼 크게 존중하고 대접해야 할 것입니다."

담덕은 신하들의 이야기를 듣고 고민에 빠졌다. 담덕은 다른 어떤 나라에도 복종할 뜻이 없었다. 단군의 뜻을 이어받아 홍익인간의 정신을 퍼뜨리기 위해서는 고구려가 세상의 주인으로 우뚝 서야 하기 때문이었다. 하지만 옛것에 길들여진 신하들은 아직도 중국 대륙에 대한 두려움을 가지고 있었다.

담덕은 동진의 사신들을 일단 돌려보냈다. 그리고 곰곰이 생각했다.

'과거에는 우리 고구려가 대륙의 나라들에게 조공을 바치던 때도 있었지만 이제 더 이상 그럴 필요는 없다. 어떻게 하면 신하들이 가지고 있는 생각을 바꿀 수 있을까? 이미 진나라는 오래전에 내분에 휘말려 권력을 잃고 여러 나라로 분열되었고, 동진은 그들의 후예가 세운 나라일 뿐 대륙의 주인이 아니다. 그래, 직접 대륙으로 나가 신하들에게 그들의 실상을 확인시켜 주자.'

담덕은 고국양왕 때부터 고구려를 위해 일했던 신하들을 불러 모았다. 신하들은 갑작스런 왕의 부름에 어리둥절해했다.

"들어라. 그대들은 나와 함께 동진으로 출발할 것이다."

칙사
임금의 명령을 알리는 사신.

"갑자기 동진으로 떠나는 이유가 무엇이옵니까? 공물을 바치러 가는 것이옵니까?"

"아니다. 그대들이 동진을 황제의 나라라고 하니 진짜 황제의 나라인지 내 두 눈으로 보려고 한다. 모두 장사꾼 차림을 하고 떠날 준비를 하여라!"

위, 촉, 오의 삼국을 통일했던 진나라가 멸망한 이후 중국 대륙은 여러 나라로 분리되어 있었다. 각 나라들은 끊임없는 내분과 서로 간의 견제로 강력한 권력을 갖고 있지 못했다. 담덕은 신하들에게 대륙의 실상을 보여 주고 싶어 이번 일을 계획하였다.

'**백문이 불여일견**이다. 이번에 신하들이 대륙의 본모습을 보고 우리 고구려의 위대함에 대해 스스로 느끼는 기회를 만들어 주어야겠다.'

담덕과 신하들은 장사꾼 차림으로 떠날 채비를 갖추었다. 그들의 목적지는 동진을 포함한 중국 대륙에 흩어져 있는 여러 나라들이었다.

담덕 일행은 먼저 병사들이 훈련하는 곳을 살펴보았다.

"저들의 군사력이 어떠한가? 정말 고구려에게 공물을 요구하고 인질을 데려갈 만하다고 생각하는가?"

"아닙니다. 정말 눈으로 보니 실상을 알겠사옵니다. 우리 고구려의 군사력이 훨씬 우수하다고 생각합니다."

백문이 불여일견(百聞 不如一見)
백 번 듣는 것보다 한 번 보는 게 낫다는 뜻의 속담.

담덕 일행은 이번에는 백성들이 가장 많이 모이는 시장과 마을의 모습을 살펴보았다.

"마을과 시장의 모습은 어떠한가? 백성들의 삶이 고구려보다 낫다고 볼 수 있는가?"

"고구려의 백성들이 훨씬 행복하게 살고 있습니다."

담덕 일행은 중국 나라들의 실상을 자세히 관찰했다. 신하들은 자신들의 눈으로 직접 그 모습을 보고 큰 충격을 받았다. 담덕은 만족스러운 얼굴로 신하들을 바라보았다.

"어떠한가. 그대들이 황제의 나라라고 부르는 곳이 정말 고구려가 섬길 만한 나라인가?"

"아니옵니다. 실제로 보니 우리 고구려가 이 나라들에 비해 부족한 점이 전혀 없습니다."

담덕 일행은 중국 대륙의 나라들을 돌며 그들의 군사력과 생활 모습을 눈으로 직접 확인했다. 이 과정을 통해 신하들은 그들이 얼마나 **사대주의**에 빠져 있었는지 깨달았다.

"예전의 황제라 함은 대륙의 주인으로서 강력한 힘을 바탕으로 하였으나 지금의 황제는 단지 허울일 뿐이다. 우리 고구려는 지금부터 대륙의 새로운 주인으로 나아갈 것이다."

담덕은 고구려로 돌아온 후 국가의 위상을 높이기 위한 작업에 들어갔다. 새로운 국가에 걸맞는 제도와 법이 필요했다. 담덕은 고민 끝에 중국의 황제만이 사용하던 **연호**를 사용하기로 했다.

"우리 고구려는 지금부터 연호를 사용할 것이다. 우리의 연호는 '영락(永樂)'으로 올해를 영락 1년으로 명한다!"

영락은 '영원히 즐겁다'라는 뜻이다. 담덕은 백성들이 고구려인으로서 항상 즐겁고 행복하게 살길 바라는 마음으로 이 연호를 선택하였다.

"영락 대왕 납시오!"

영락 대왕은 우리 민족의 우수성을 세계에 알리기 위해 최초로 연호를 사용하였다. 이에 신하들과 백성들은 고구려의 위대함을 스스로 느끼고 자긍심을 갖게 되었다. 그리고 그 자긍심이 바로 고구려라는 위대한 역사의 시작이었다.

사대주의
주체성 없이 세력이 강한 나라나 사람을 받들어 섬기는 태도.

연호
옛날에는 새로운 왕이 왕위에 오르면 왕이 다스린 해의 차례를 나타내기 위해 숫자 앞에 이름을 붙였는데, 이것이 연호이다. 우리나라에서는 광개토 대왕이 중국의 연호를 따르지 않고 최초로 독자적인 연호를 사용했다.

고구려와 관련된 유물

광개토 대왕명 호우

　신라의 무덤인 경주 호우총에서 발견된 청동 그릇으로, 보물 제1878호로 지정되어 있으며 국립 중앙 박물관에 소장되어 있다. 그릇 바닥에 '을묘년국강상광개토지호태왕호우십(乙卯年國岡上廣開土地好太王壺杅十)'이라는 16자의 한자가 적혀 있다. 영토를 크게 넓힌 광개토 대왕을 왕 중의 왕이라고 경의를 표하는 글귀이다. 을묘년은 광개토 대왕이 죽은 지 3년째 되는 해이기에 광개토 대왕의 아들 장수왕 때의 유물로 추정된다. 고구려의 유물이 신라의 수도에서 발견된 것으로 보아 그 당시 고구려와 신라의 우호적인 관계를 보여 주는 중요한 유물이라 할 수 있다.

광개토 대왕명 호우

고구려 글자가 새겨진 벽돌

　고구려 무덤인 태왕릉(광개토 대왕릉으로 추정)과 천추총의 돌무지에서 발견된 벽돌들이다. 벽돌에 새겨진 글자는 '원태왕릉안여산고여악(願太王陵安如山固如岳, 원하옵건데 태왕릉이 산처럼 안전하고 튼튼하소서.)', '천추만세영고(千秋萬歲永固, 무덤이 천추만세토록 영원히 튼

고구려 글자가 새겨진 벽돌

튼하소서.)' 등으로, 무덤이 오랫동안 보존되기를 기원하는 내용이다. 무덤의 위쪽에 세운 건물에 사용되었던 벽돌로 추정하고 있다.

연가 7년명 금동 여래 입상

경상남도 의령에서 발견된 고구려 시대의 불상으로, 연도가 표시된 불상 중에는 우리나라에서 가장 오래된 유물이다. 고구려 불상이 신라 땅에서 발견된 것으로, 고구려의 불교가 신라에까지 영향을 미쳤을 것으로 추측하고 있다. '연가'는 고구려의 연호로 추정되며, 연가 7년은 539년을 뜻한다. 불상의 광배(불상의 머리나 뒤쪽에 있는 원형의 장식물) 뒷면에 글자가 새겨져 있는데, 연가 7년에 고구려의 수도 평양의 동사라는 절의 주지와 제자를 비롯한 40여 명이 1000개의 불상을 만들어 퍼뜨리기로 하였는데 그중 하나인 '현겁천불'이라고 적혀 있다.

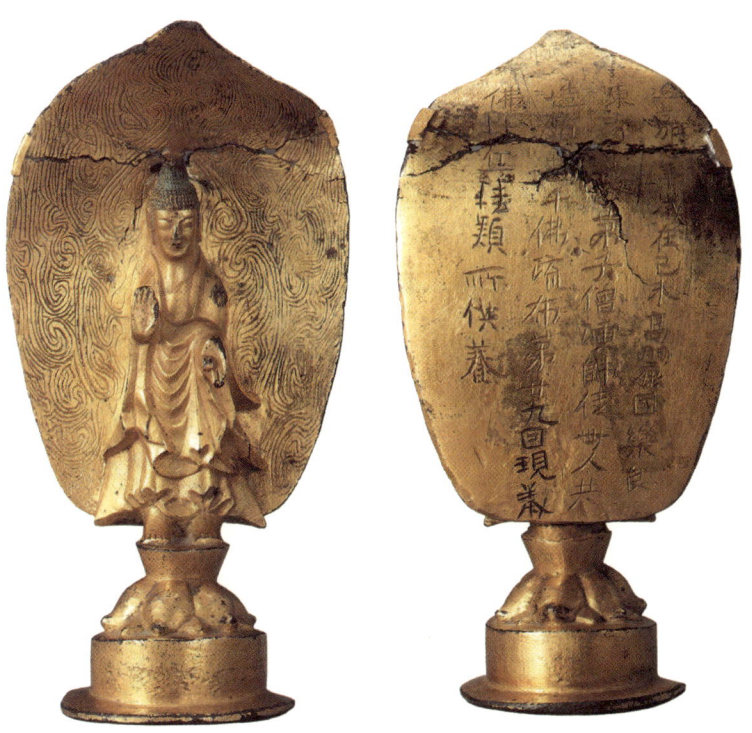

연가 7년명 금동 여래 입상

6장
끝없는 연습이 만들어 낸 승리

"오늘도 훈련이다! 모두 나를 따르라!"

하늘에 구름 한 점 없이 맑은 날, 영락 대왕은 병사들을 데리고 훈련을 하고 있었다. 바로 고구려군이 자랑하는 개마 무사(중장기병)들의 훈련 날이었다.

"전진! 앞으로! **철갑**의 무게를 견뎌라! 신속히 움직여라!"

고구려군 군사력의 핵심인 개마 무사들은 목 밑부터 발끝까지 철갑을 둘렀고 말에도 철갑을 입혔다. 개마 무사의 철갑은 철 조각을 손으로 한 땀 한 땀 이어 놓았기 때문에 화살이나 칼에도 뚫리지 않았다. 때문에 개마 무사들은 전투를 할 때 가장 앞에서 적의 **선봉**을 뚫는 역할을 했다.

"개마 무사는 철갑을 입고 있어 상대방의 공격을 쉽게 방어할 수 있다는 장점이 있다. 하지만 철갑으로 인해 몸이 무거워지면 기동력이 쉽게 떨어져 진격 속도가 늦어질 수 있다. 따라서 전원이 명령에 맞춰 일제히 움직이는 훈련을 해야 한다."

영락 대왕은 산 위에 올라 개마 무사들의 훈련 모습을 흐뭇하게 바라보았다. 멀리서 보면 붉은 깃털이 휘날리는 것처럼 보였는데 개마 무사들은 투구에 수탉 깃을 상징으로 꽂고 있기 때문이었다. 이 때문에 주변 나라에서는 고구려군을 '수탉 부대'라고 부르기도 했다. 수탉을 신성시했던 고구려에서 수탉 깃을 상징으로 달고 용맹하게 돌진하는 개마 무사는 최강의 고구려군을 의미했다.

"끊임없이 연습을 해야 한다. 실전처럼 연습하다 보면 실전에서 그 진가가 발휘되는 법이다."

개마 무사들은 영락 대왕의 훈련을 잘 따라 주었다. 영락 대왕은 개마 무사들뿐만 아니라 일반 기병과 보병들도 빠짐없이 훈련시켰다. 또한 군사들의 무기와 갑옷도 새롭게 정비하여, 고구려의 군사력을 튼튼히 하기 위해 힘썼다.

철갑
쇠붙이를 겉에 붙여 지은 갑옷.

선봉
부대의 맨 앞에 서서 작전을 수행하는 군대.

막강한 군대를 갖게 되자 영락 대왕은 드디어 밖으로 뻗어 나갈 때가 되었다고 생각했다. 영락 대왕은 주변의 어느 국가보다 백제에 대한 생각이 많았다. 고구려의 남쪽에 있던 백제는 고구려와 끊임없이 다툼을 이어 온 나라였다.

영락 대왕은 생각에 잠겼다. 과거 백제를 **근초고왕**이 다스리던 시절에 한반도의 **패권**은 백제에게 있었다. 아리수(한강) 유역을 중심으로 빠르게 발전한 백제는 근초고왕 때 주변의 여러 나라를 정복하며 세력을 키우고 있었다. 아리수 유역은 한반도에서 가장 중요한 전략적 **요충지**였다. 군사적으로 중요한 곳일 뿐만 아니라 풍부한 물을 바탕으로 농사가 가장 잘되는 지역이기 때문에 국가가 발전하려면 꼭 차지해야 하는 곳이었다.

'그래, 고국원왕의 복수를 해야 할 때가 왔다.'

고국원왕은 영락 대왕의 할아버지였다. 고국원왕이 고구려를 다스리던 당시 근초고왕이 다스리던 백제는 점점 세력이 커졌고 영토를 넓히고 있었다. 그러다 보니 당연히 고구려와도 부딪칠 수밖에 없었다. 369년 고국원왕이 먼저 백제를 공격하면서 두 나라의 전투가 시작되었다. 이 전투에서 고구려는 크게 패하였다. 이후 371년에 백제의 근초고왕은 태자 근구수와 함께 수만 명의 군사를 이끌고 고구려의 평양성으로 쳐들어왔고, 직접 전투에 나서서 백제와 맞서 싸우던 고국원왕은 백제군의 화살을 맞고 목숨을 잃고 말았다.

그 후로 고국원왕의 뒤를 이어 즉위한 소수림왕이나 고국양왕 역시 복수를 위해 호시탐탐 기회를 노렸으나 백제군의 완강한 저항 앞에 성공하지 못했다.

"병사들을 소집하라. 대장들은 모여 작전을 세울 것이다. 고국원왕의 복수를 위해, 아리수를 점령하기 위해 진군을 준비하라!"

"성공이다. 석현성이 함락되었다!"

392년 7월, 영락 대왕은 4만의 대군을 이끌고 고구려와 백제의 영토 경계선에 있는 석현성을 공격했다. 석현성은 백제가 북서쪽을 방어하는 데 매우 중요한 곳으로, 영락 대왕은 이곳을 먼저 공격하는 것이 중요하다고 생각한 것이다. 백제의 왕이었던 진사왕은 고구려의 공격을 받고 강력한 군사력에 깜짝 놀랐다. 특히 석현성 주변의 지형에 대해 연습에 연습을 거듭한 개마 무사들의 용맹함은 상상 이상이었다. 백제군은 금세 고구려군에게 무릎을 꿇고 말았다.

근초고왕
백제 13대 임금으로 활발한 정복 활동을 펼친 왕이다. 369년에 마한과 대방을 병합하였고, 371년에는 고구려의 평양성을 차지하고 고국원왕을 죽게 하였다. 이 일로 백제는 강력한 고대 국가의 기반을 마련하였다.

패권
어떤 분야에서 우두머리나 으뜸의 자리를 차지하여 누리는 힘.

요충지
군사적으로 중요한 지역.

"전하, 석현성 주변 10여 개의 성이 모두 고구려에 항복을 하겠다고 하옵니다."

"좋다. 항복을 받아 주거라."

이렇게 영락 대왕은 석현성을 비롯한 백제 10여 개의 성을 차지했다.

영락 대왕이 이어서 공격 대상으로 삼은 곳은 백제 관미성이었다. 관미성은 전형적인 **배산임수** 지역으로 백제가 자랑하는 최고의 방어벽이었다. 그동안 소수림왕, 고국양왕 등 선조들이 이 성을 점령하기 위해 노력했으나 넘어설 수 없었다.

'반드시 관미성을 점령할 것이다. 이 날을 위해 하루도 빠짐없이 훈련을 해 왔다. 최강의 고구려를 보여 주마.'

같은 해 10월, 준비를 마친 영락 대왕은 군사를 이끌고 관미성을 향해 진군했다.

"전하, 역시 관미성은 방어가 너무 잘되어 있습니다. 공격이 통하지 않사옵니다."

관미성은 쉽게 함락되지 않았다. 오히려 고구려군의 피해가 이만저만이 아니었다. 백제군은 관미성에서 나오지 않은 채 오직 성문에 병력을 집중 배치하고, 접근하는 고구려군을 공격했다. 시간이 지나면서 고구려 병사들은 지쳐 갔고 사기가 떨어졌다.

"역시 천연의 요새로군. 하지만 걱정할 것 없다. 이런 때를 대비해 연습해 온 작전이 있다. 정찰병을 준비시켜라."

달이 떠오르자 영락 대왕은 정찰병을 거느리고 관미성 정찰에 나섰다.

소리가 나지 않도록 말도 타지 않고 조용히 걸으며 성벽을 관찰했다.

'저기다. 위장 성벽을 찾았다.'

수백 대의 수레가 나타나더니 성벽으로 사라졌다. 영락 대왕은 조용히 수레가 사라진 성벽 쪽으로 다가갔다. 자세히 보니 성벽으로 위장한 비밀 성문이었다.

'이곳으로 식량을 들여보내고 있었던 것이군. 분명히 위장 성문이 몇 군데 더 있을 것이다. 이곳을 공격해야겠다.'

정찰을 마친 영락 대왕은 장수들과 공격 계획을 논의한 뒤 군사들에게 명령을 내렸다.

"전군 7열로 흩어져라!"

영락 대왕의 신호에 맞추어 고구려 군사들이 일곱 갈래로 펼쳐졌다. 그리고 목표로 삼았던 방향으로 일제히 달려 나갔다.

"위장 성문으로 돌격한다. 연습했던 방법으로 성문을 돌파하라!"

개마 무사들은 강력한 철갑으로 화살을 막으며 성벽에 가려져 있던 성문을 공격했다. 중앙 성문만 방어하고 있던 백제군은 깜짝 놀랐다. 성 둘레에 숨겨 둔 성문에는 병력을 배치하지 않고 있었기 때문이었다.

"중앙 성문을 열어라. 전군 돌진하라!"

배산임수(背山臨水)
뒤로는 산을 등지고 앞으로는 물이 있어 공격을 방어하기 쉽고 도시가 발전하기 좋은 곳.

순식간에 성문이 열렸고, 고구려의 4만 대군은 물밀듯이 관미성으로 쳐들어갔다. 100여 년간 함락되지 않고 백제를 지키던 관미성이 무너지는 순간이었다.

"전하, 관미성 안의 백제군이 백기를 들고 **투항**하였습니다."

"항복을 받아 주어라. 쉬지 말고 전진하라."

392년 10월, 고구려군은 관미성을 함락시켰다.

고구려가 관미성을 차지한 이후, 백제는 빼앗긴 성을 찾기 위해 끊임없이 고구려를 공격했다. 당시 백제는 관미성이 함락된 이후 세상을 떠난 진사왕의 뒤를 이어 아신왕이 다스리고 있었다. 아신왕은 고구려군에 당한 수모를 갚아 주기 위해 빼앗긴 관미성을 공격하기도 하고, 수곡성, 패수 등에서 고구려군과 싸웠지만 번번이 패하고 말았다. 백제는 고구려의 상대가 되지 못했던 것이다.

남쪽으로 영토를 넓히겠다는 생각을 갖고 있던 영락 대왕은 396년, 직접 군사를 이끌고 다시 백제를 공격했다.

영락 대왕은 아리수 근처의 58개 성, 700여 개 촌락을 점령하고 아신왕이 머물고 있던 백제 한성을 포위했다. 백제 아신왕은 더 이상 버티지 못하고 영락 대왕 앞에서 무릎을 꿇었다.

"영원한 고구려의 **노객**이 되겠소."

"이제 고구려의 힘을 알겠느냐?"

"그렇사옵니다. 한데 어찌하여 그 짧은 시간에 이렇게 강력한 군대를 가지게 되었습니까?"

"끊임없는 반복 훈련은 승리의 지름길이다. 고구려군은 최강의 군대가 되기 위해 하루도 빠짐없이 병법 연습을 했다."

이로서 영락 대왕은 할아버지 고국원왕의 복수를 하고, 새롭게 남쪽 영토를 개척했다. 영락 대왕은 다시 궁으로 돌아와 병사들의 훈련을 지도했다. 목표를 정하고, 그것에 맞는 반복 연습만이 원하는 결과를 가져온다는 것을 확인했기 때문이었다.

투항
적군에게 항복함.

노객
고구려 때, 신하가 임금을 상대하여 자기를 낮추어 이르던 말. 광개토 대왕 때는 신라나 백제의 왕이 복종하고 신하가 된다는 뜻으로 쓰기도 하였다.

7장
막히면 새로운 길을 찾아라

"신라의 사신께서 오시었소. 또 선물을 가지고 오셨구려."

"저희 신라는 항상 고구려의 도움을 받으며 지내고 있지 않사옵니까. 내물 **마립간**께서 고마움의 표시로 이렇게 보물을 보내셨사옵니다. 특히 영락 대왕께서 좋아하시는 **삼족오** 그림을 가져왔습니다."

"정말 훌륭한 그림이오. 백만 금화 못지않소……."

신라는 고구려와 대대로 우호 관계를 유지하고 있었다. 신라는 고구려와 사이가 좋지 않은 백제와 가야, 왜의 사이에 있으면서도 항상 고구려에게 예를 다하려고 노력했다. 이번에는 영락 대왕의 아리수 지역 점령을 축하하며 신라의 내물 마립간이 영락 대왕이 좋아하는 삼족오 그림을 보낸 것이었다.

"내 신라의 어려움을 잘 알고 있소. 주변 적국에 둘러싸여 있는 어려운 상황에서도 우리 고구려와의 친분 관계를 유지하려는 노력을 높게 생각하오."

"신라는 최선을 다해 고구려를 모실 것입니다. 영락 대왕께서는 우리 신라를 항상 살펴 주시길 부탁드리옵니다."

신라의 사신이 다녀간 후 삼족오 그림을 보며 영락 대왕은 흐뭇해했다. 삼족오는 태양 속에 산다는 전설의 새였다. 단군왕검 시절부터 태양과 국가의 번성을 의미했던 삼족오는 고구려군의 깃발에도 상징으로 그려져 있었다. 영락 대왕은 병사들이 삼족오를 보면서 태양의 군대라는 자부심과 용기를 얻기를 바랐다.

"전하, 백제에 갔던 정찰병이 돌아왔사옵니다."

"들라 하라."

"전하, 백제의 움직임을 살피고 왔사옵니다."

"그래, 수고 많았다. 백제의 움직임은 어떠한가?"

마립간
신라에서 임금을 부르던 칭호. 《삼국사기》에는 19대 눌지, 20대 자비, 21대 소지, 22대 지증 등 4대의 임금을 마립간이라 하였다고 되어 있으며, 《삼국유사》에는 17대 내물에서 22대 지증까지 6대의 임금을 마립간이라 하였다고 되어 있다. 일반적으로 《삼국유사》의 설을 따른다.

삼족오
고대 신화에 나오는 발이 세 개이고 태양 속에 산다는 전설의 까마귀.

"아신왕이 또다시 병력을 모아 신라로 가고 있사옵니다. 이번엔 왜와 가야도 함께라고 하옵니다."

"뭐라? 신라로? 아신왕 이놈이 아직 정신을 못 차렸구나. 어서 내물 마립간에게 이 소식을 알려라."

백제의 아신왕은 영락 대왕 앞에 무릎을 꿇고 고구려의 영원한 노객이 되겠다고 맹세했지만 고구려에 진심으로 복종한 것은 아니었다. 지난번 전쟁의 패배로 가족들을 고구려에 인질로 보낸 아신왕은 호시탐탐 고구려에 복수할 기회를 노리고 있었다.

번번이 고구려에 패하여 백제 혼자 힘으로 고구려를 공격하기 어렵다고 판단한 아신왕은 우호 관계를 맺고 있었던 왜를 끌어들이기로 하였다. 아신왕은 태자를 왜로 보내 군사 지원을 요청했다. 또한 나라 안에서도 군사들을 모집하여 틈틈이 훈련시켰다.

왜의 군사 지원을 받은 백제 아신왕은 고구려를 치기 전 고구려와 우호 관계에 있는 신라를 먼저 친 뒤 고구려를 공격할 계획을 세웠다. 이 계획엔 가야까지 합세했다.

399년 백제, 왜, 가야의 세 나라가 힘을 합친 연합 병력은 이미 신라의 국경을 넘어 신라의 수도인 금성을 공격하고 있었다. 내물 마립간은 급히 사신을 보내 영락 대왕에게 도움을 요청했다.

"전하, 왜군이 쳐들어와 저희 신라가 어려움에 처했사옵니다. 백제와 가야까지 합세하여 공격당하고 있사옵니다. 고구려가 저희 신라를 도와 이들을 몰아내 주시기를 바라옵니다."

"내 신라가 우리 고구려를 항상 섬겨 온 것을 잘 알고 있네. 곧 군사를 보낼 터이니 돌아가 내물 마립간에게 안심하라고 이르게."

영락 대왕은 신라의 사신에게 성벽 방어 기술을 상세히 적은 편지를 전달했다.

다음 해인 400년, 영락 대왕은 충직한 장군을 대장으로 하여 고구려의 5만 대군을 신라로 내려보냈다.

'내물 마립간이여. 최선을 다해 방어만 하고 있으라. 고구려군이 달려가고 있으니.'

개마 무사들을 앞세운 고구려군은 빠른 속도로 남쪽으로 내려갔다. 영락 대왕에게 있어 신라는 동맹국 이상의 의미를 갖고 있었다. 신라가 백제, 왜, 가야 연합군에게 점령당할 경우 한반도의 남쪽에 반(反)고구려 동맹이 결성될 위험이 있었다. 그럴 경우, 만주 진출을 생각하고 있는 영락 대왕 입장에서는 굉장히 불안한 상황이 발생하는 것이었다.

"적군이 보인다. 모두 경계 태세를 갖추고 명령에 따르라."

고구려군이 신라에 도착하자 왜군을 앞세운 연합군의 군사들이 대기하고 있었다.

"개마 무사들이여, 돌진하라!"

고구려 장군은 병사들에게 진군 명령을 내렸다.

"개마 무사들이 달려온다! 줄을 당겨라!"

연합군의 대장이 명령을 내리자, 숲에 숨어 있던 병사들이 미리 설치해 두었던 굵은 줄을 양쪽에서 당겼다. 그러자 땅바닥에 줄이 팽팽하게 당겨

지면서 달리던 말들의 발을 걸었다.

"으악! 이것이 무엇이더냐!"

개마 무사들이 무거운 철갑을 이기지 못하고 발이 걸린 말에서 떨어지기 시작했다. 선봉에 섰던 개마 무사들이 앞으로 나아가지 못하니 뒤쪽에 있던 병사들도 어쩔 줄 몰라 했다. 고구려군은 혼란에 빠졌다.

"전군 진군을 멈춰라! 일단 후퇴하라!"

고구려 장군은 당황한 얼굴로 후퇴를 명령했다. 개마 무사들이 상대의 함정에 빠진 것은 처음이기 때문이었다. 적군은 기회를 놓치지 않고 맹렬한 속도로 공격을 퍼부었다.

"고구려군을 무찔러라! 기회를 놓치지 마라!"

백제, 왜, 가야 연합군은 고구려군과의 첫 전투에서 크게 승리했다. 영락 대왕은 고구려군이 첫 전투에서 패배했다는 장군의 전갈을 받고 고민에 빠졌다.

"이를 어찌한단 말인가. 기마병을 사용할 수 없다니……."

말을 타고 싸우는 것은 고구려군의 기본 전술이었다. 산과 들에서 말을 타며 자란 고구려인들은 말과 친숙할 수밖에 없었고, 이는 전투에서 놀라운 결과를 만들어 냈다. 다른 군대가 쫓아올 수 없는 무시무시한 속도를 보여 주었기 때문이었다. 하지만 적군의 계략으로 인해 말을 사용할 수 없는 상태가 되었다.

며칠간 밤낮 없이 고민하던 영락 대왕은 머리를 식힐 겸 산책에 나섰다. 궁에서 나와 말을 타고 오랜 시간 달리자 강가에서 그물을 손질하는 어부들이 보였다.

"영락 대왕님, 북쪽 국경 지역의 후연을 무찔러 주십시오. 전쟁이 계속되니 농사를 지을 수 없어 어쩔 수 없이 배를 타고 물고기를 잡아 살아가고 있사옵니다."

"농부가 어부가 된 것이냐? 그래, 바로 그것이다!"

"네? 그것이 무엇이옵니까?"

"**궁즉변**이고 **변즉통**이며 **통즉구**니라."

영락 대왕은 서둘러 신라에 가 있는 고구려 장군에게 편지를 보냈다. 영락 대왕의 편지를 받은 고구려 장군은 군사들을 모았다. 고구려군은 첫 번째 전투에서의 패배로 모두 지쳐 있는 상태였다.

"잘 듣거라! 우리는 지금부터 말 없이 싸울 것이다. 모두 말을 한곳에 모아 뒤쪽으로 빼 놓거라."

"네? 그게 무슨 말씀입니까? 우리 고구려는 말 없이는 싸울 수 없습니다. 모든 훈련을 그렇게 해 오지 않았습니까?"

"영락 대왕께서 편지에 이렇게 일러 주셨다. 궁즉변・변즉통・통즉구다. 지금은 적의 계략으로 말을 사용하면 불리한 상황이다. 우리는 변해야

궁즉변(窮卽變)・변즉통(變卽通)・통즉구(通卽久)
《주역》에 나오는 말로 '궁하면 변하라. 변하면 통하리라. 통하면 영원하리라.'라는 뜻이다. 어려운 궁지에 몰렸을 때 어떻게 변해야 할지를 생각하면 새로운 답을 찾아낼 수 있다는 의미이다.

한다. 기존의 방식을 고집하다가는 전쟁에서 승리할 수 없다!"

영락 대왕은 상황에 맞게 기존의 것을 과감하게 바꾸는 전략을 지시한 것이었다.

"말 대신 불을 사용할 것이다. 마침 지금은 계절풍이 적군을 향해 불고 있으니 불화살 공격을 퍼부어 적을 몰살시킬 것이다."

장군은 군사들에게 활과 화살을 잔뜩 모으게 했다. 화살촉에는 불이 잘 붙도록 기름과 송진을 잔뜩 묻힌 솜을 동여매었다.

어두운 밤하늘에 보름달이 떠올랐다.

"달이 떴다. 모두들 준비한 기름을 숲과 들판에 뿌려라!"

기름통을 든 고구려 군사들이 바쁘게 움직이기 시작했다. 군사들이 기름을 다 뿌리자 장군은 불화살 공격을 명령했다.

"지금이다. 바람이 적군 쪽을 향해서 불고 있다. 불화살로 인해 적군의 진지와 **군량미**가 모두 타 버릴 것이다! 적이 여기까지 생각하지는 못할 것이다!"

고구려 군사들은 일제히 불화살을 쏘았다.

한밤중에 숲에 불길이 솟아오르자 진지에서 작전을 짜고 있던 아신왕과 대장들은 깜짝 놀랐다.

군량미
군대의 양식으로 쓰는 쌀.

"무슨 일이냐? 빨리 나가서 알아보거라!"

"고구려군이 숲에 불화살을 쏘고 있습니다. 엄청난 불길이 바람을 타고 저희 진지로 번지고 있습니다!"

보고를 받은 아신왕의 얼굴이 파랗게 질렸다. 그때였다.

"전군 전진한다. 돌진하라!"

고구려군의 진군 나팔 소리와 함께 고구려군이 삼족오 깃발을 세우고 달려왔다.

"계속 진격하라! 한 놈도 남기지 마라!"

연합군은 신라의 금성에서 고구려군에게 격파당했다. 아신왕과 백제군은 서둘러 백제로 후퇴했다. 왜의 군사들은 더 이상 버티지 못하고 가야로 도망치기 시작했다. 하지만 고구려군은 멈추지 않고 가야의 종발성까지 쫓아갔다.

"이번에 고구려의 무서움을 단단히 보여 주겠다."

고구려군은 가야의 종발성까지 점령하고 가야를 다스리고 있던 금관가야 세력을 무너뜨렸다. 가야와 왜의 병사들을 모두 물리친 뒤, 고구려군은 신라로 돌아왔다.

"정말 감사하옵니다. 용맹한 고구려군 덕분에 연합군이 물러갔사옵니다. 우리 신라는 고구려의 보호가 없으면 존재할 수 없사옵니다."

고구려군이 신라를 구한 뒤, 고구려군은 바로 돌아가지 않고 신라 땅에 머물며 영향력을 행사하였고, 신라는 고구려의 동맹국에서 조공을 바치는 보호국이 되었다. 고구려는 신라에게 군사 제도와 무기 등 선진 문명과 기술을 전수해 주기도 했다.

    영락 대왕은 어려움에 처했을 때 변화를 두려워하지 않고 상황에 맞춰 유연하게 대처했다. 그로 인해 고구려군은 전투에서 승리하고 신라를 구할 수 있었다. 이러한 영락 대왕의 지혜로움으로 고구려는 한층 더 발전할 수 있었다.

고구려 고분 벽화

고구려의 국내성(지금의 중국 지린 성 지안 시) 주변에는 고구려 무덤 1만 2000여 기가 남아 있다. 고구려 사람들은 무덤 안에 돌로 방을 만들고 그 벽에 그림을 그렸다. 이 벽화들을 고구려 고분 벽화라고 한다. 고분 벽화를 보면 고구려 사람들의 정신세계와 생활 모습을 알 수 있다.

무용총은 중국 지린 성에 위치해 있는 무덤이다. 무용총에는 여러 벽화들이 그려져 있는데 무용하는 사람들을 그린 그림이 있어서 무용총이라는 이름이 붙었다. 무용총 벽화 중 서쪽 벽에 있는 '수렵도'는 고구려인들이 사냥하는 모습을 그린 그림이다. 머리엔 수탉 깃을 꽂은 '절풍'이라는 모자를 썼고, 주몽에서부터 이어진 활 솜씨를 발휘하고 있다. 산과 들, 계곡과 하늘이 표현되어 있으며, 특히 활을 쏠 때 순간적으로 허리를 돌리는 등의 역동적인 모습이 잘 나타나 있다.

무용총 수렵도

덕흥리 고분은 평안남도 남포시 강서 구역 덕흥리에 위치해 있으며 벽화의 설명문이 있어, 무덤의 주인, 벽화의 내용 등을 상세히 알 수 있다. 무덤의 주인은 고구려의 관리로 광개토 대왕 18년에 세상을 떠난 것으로 알려져 있다. 덕흥리 고분에는 무덤 주인의 초상화와 관리들의 행렬도 등 여러 벽화들이 그려져 있다. 천장에는 천상 세계를 묘사한 그림이 있는데, 견우와 직녀로 추측되는 그림이 있다.

덕흥리 고분 견우직녀도

강서대묘는 평안남도 남포시 강서 구역 삼묘리에 있는 무덤으로, 고구려 후기 고분 벽화를 대표하는 사신도가 그려져 있다. 사신도란 청룡, 백호, 주작, 현무 등 네 방위를 맡은 신의 그림을 말한다. 사신도 중 북벽에 그려진 현무도는 고구려 벽화뿐만 아니라 우리나라 역사를 통틀어 최고의 벽화 수준을 보여 주는 걸작으로, 뱀이 거북을 감은 형상을 역동적인 모습으로 잘 보여 주고 있다.

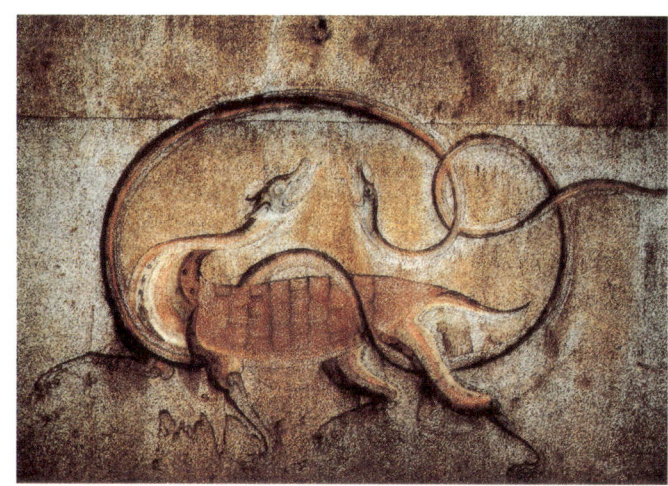

강서대묘의 사신도 중 현무도

8장
만주에 퍼진 홍익인간의 정신

"신성에 이어 남소성 역시 정복 직전입니다!"

"지금이 고구려 놈들에게 후연의 힘을 보여 줄 기회이다. **파죽지세**로 진군하라!"

고구려군이 한반도 남쪽 지역으로 내려가 신라를 구하고 가야와 왜의 남은 병력들을 정리하고 있을 때였다. 호시탐탐 고구려를 노리고 있던 후연의 **모용성**은 이 틈을 타 군사를 모아 고구려의 북방 경계선인 신성과 남소성을 공격했다.

"장군! 남소성은 더 이상 버틸 수 없소. 이를 어찌하면 좋겠소?"

"영락 대왕님께 보낸 **사자**는 아직 소식이 없는가? 이대로 남소성을 포기할 수는 없네."

한편, 남소성에서 급히 보낸 사자는 밤낮을 달려 영락 대왕이 있는 국내성에 도착했다.

"전하, 모용성이 고구려의 국경을 침범했사옵니다. 이미 신성은 점령당하였고 남소성은 **풍전등화**의 위기이옵니다."

'후연의 모용성이? 신라를 도와주는 틈을 노려 공격했구나. 하지만 신라에 남아 있는 적들을 놔두고 군대를 보낼 순 없지 않은가······.'

영락 대왕은 고민에 빠졌다. 후연의 모용성은 잔혹하기로 소문난 왕이었다. 이렇게 쉽게 북방 경계선이 무너지면 곧장 고구려의 수도인 국내성으로 침입해 올 수도 있었다. 영락 대왕은 신하들을 불러 모아 방법을 의논해 보기로 했다.

파죽지세(破竹之勢)
깨뜨릴 파, 대 죽, 갈 지, 기세 세. 대나무를 쪼개는 기세란 뜻으로, 적을 거침없이 물리치고 나아가는 당당한 기세를 이르는 말.

모용성
후연의 3대 왕으로, 모용수의 손자이다.

사자
명령이나 부탁을 받고 심부름하는 사람.

풍전등화(風前燈火)
바람 풍, 앞 전, 등불 등, 불 화. 바람 앞의 등불이란 뜻으로, 매우 위급한 처지에 놓여 있음을 뜻하는 말.

"후연의 모용성이 고구려에 침입해 왔소. 하지만 지금 당장은 병사들을 데리고 북쪽으로 올라갈 수 없는 상황이오. 좋은 의견이 있다면 망설이지 말고 말해 보시오."

"대왕이시여, 좋은 방법이 하나 있사옵니다."

영락 대왕은 밝은 얼굴로 신하에게 고개를 돌렸다.

"오 그래. 그 좋은 방법이란 것이 무엇인가?"

"모용성은 왕의 자리에 오르기 전부터 그 잔혹성으로 소문이 좋지 않았사옵니다. 후연의 백성들뿐 아니라 지금 관직에 있는 자들도 모용성의 포악한 정치에 반감을 가지고 있어 민심이 흉흉하다는 소문이옵니다."

"그렇지. 모용보의 아들로 태자로 책봉될 때부터 형제들끼리 갈등이 많았던 것으로 알고 있다."

"그러하옵니다. 그들을 이용해 보는 것이 어떻겠습니까? 모용성의 형제들은 모용성이 왕이 되어 후연을 이끌어 가는 것에 대해 불만이 많을 것입니다. 사자를 보내어 그들에게 반란을 꾀하게 하면 후연에 내분을 일으킬 수 있을 것이옵니다."

어두웠던 영락 대왕의 얼굴에 밝은 빛이 돌았다.

"그렇군. 불만이 잔뜩 쌓여 있는 형제들을 이용하자. 어서 사자를 보내라. 그들을 만나서 반란을 일으킨다면 이 영락 대왕이 군사를 지원해 준다고 거짓 정보를 흘려라."

"지금 출발하겠사옵니다."

영락 대왕이 보낸 사자는 곧장 후연으로 가서 모용성의 형제들을 만났다. 모용성의 형제들은 모용성이 고구려군과의 전쟁을 마친 후 그들을 죽이려고 한다는 **유언비어**를 듣자 굉장히 놀라고 분노했다. 계속된 설득으로 그들은 반란을 일으키기로 결정했다.

"결심하였소? 확실히 반란을 일으킬 것이오?"

"걱정 마시오. 모용성 그놈은 피도 눈물도 없는 놈이오. 백성들 역시 우리의 반란을 지지할 것이오. 속히 가서 약속한 날짜에 고구려군이 들어올 수 있도록 준비를 철저히 해 주시오."

약속한 날짜가 되자 후연의 수도에선 모용성의 형제들이 일으킨 반란으로 불길이 치솟았다.

"가족이라는 것들이 나에게 짐만 되는구나. 승리가 눈앞인데 돌아가야 하다니! 내 돌아가서 엄벌을 내릴 것이다!"

승리를 눈앞에 두고 모용성은 국내에 일어난 반란을 진압하기 위해 군대를 돌릴 수밖에 없었다.

"됐다. 후연의 수도에 **자중지란**이 일어났다. 우리 고구려가 만주로 나아갈 시간이다."

영락 대왕은 신라에 가 있던 군대가 고구려로 돌아오자마자 후연을 공격할 준비를 하였다. 후연이 차지하고 있는 요동 지방 진출은 대륙으로 향하고자 하는 영락 대왕의 오랜 소망이었다. 마침 후연의 상황도 좋지 않았다. 형제들끼리의 싸움 속에 모용성은 암살당하였고 그의 아들 모용희가 어지러운 후연을 겨우 정비하고 있었다.

"후연은 내분의 영향으로 혼란 상태이다. 속히 진군하여 빼앗긴 성을 되

찾고 다시는 고구려를 침범하지 못하도록 우리의 힘을 보여 주자!"

고구려군은 개마 무사들을 앞세우고 전열을 정비하였다. 진군을 앞두고 영락 대왕은 홀로 아버지 고국양왕의 묘를 찾았다. 조용히 무릎을 꿇고 향을 피웠다.

'아버님, 이제 드디어 대륙으로 향합니다. 아버님과 산 정상에서 보았던 끝없는 대지를 향해 나아갈 것입니다. 만주의 주인으로서 한민족의 기상을 떨치고 홍익인간의 정신을 퍼뜨리겠습니다. 저를 도와주세요.'

영락 대왕과 고구려군은 후연의 숙군성에 다다랐다.

"숙군성의 성문을 열어라. 항복하는 자는 살려 주고 무기가 없는 백성은 공격하지 마라."

후연군은 오랜 내분으로 훈련이 충분히 되어 있지 않은 상태였다. 영락 대왕과 고구려군은 순식간에 후연이 자랑하는 숙군성을 함락시켰다. 수년 간의 전투로 단단히 훈련된 고구려군의 패기 앞에서 후연군은 **혼비백산**하며 도망치기 바빴다.

유언비어
아무 근거 없이 널리 퍼진 소문.

자중지란(自中之亂)
스스로 자, 가운데 중, 갈 지, 어지러울 란. 같은 편끼리 싸워 일어나는 혼란이나 난리.

혼비백산
너무 놀라 혼백이 이리저리 날린다는 뜻으로 몹시 놀라 넋을 놓고 있다는 뜻.

"숙군성을 빼앗았으니 신성을 빼앗겼던 일에 대한 복수는 한 셈이군. 멈추지 말고 전진하여 후연의 본거지까지 나아가자!"

물밀듯이 몰려오는 고구려군을 보자 후연의 군대는 전투를 하기도 전에 무기를 버리고 항복했다. 많은 병사들이 싸움을 포기하자 후연의 왕 모용희는 과감히 결단을 내렸다.

"영락 대왕이시여, 부디 후연을 가엾게 여기시고 지난날의 과오를 용서해 주시기 바랍니다. 지금 우리 후연은 연약하고 힘이 없사옵니다. 전쟁을 멈추시고 후연을 보살펴 주시옵소서. 고구려에 조공을 보내고 예를 다해 섬기겠나이다."

모용희는 무릎을 꿇고 머리를 조아렸다.

'모용희 말이 맞다. 이미 싸울 의지를 잃은 병사들과 싸운들 무슨 의미가 있겠는가. 아버님 역시 이런 살육은 원치 않으셨을 것이다.'

영락 대왕은 군대를 거두기로 했다. 정복만을 위한 전쟁은 홍익인간 정신에 어긋나는 것이기 때문이었다.

"좋다. 우리 고구려는 단지 정복을 위해 전쟁을 하는 것이 아니다. 대신 그대는 다시는 고구려를 넘보지 말아야 할 것이다. 만약 그런 일이 일어난다면 내 맹세코 그대의 나라를 없애 버릴 것이다."

영락 대왕은 고구려로 돌아와 나라 안을 다스리는 데 힘썼다. 수년간 다른 나라와 전쟁을 하느라 고구려 백성들을 잘 돌보지 못했기 때문이었다. 영락 대왕은 궁궐에서 신하들에게 지시하는 대신 직접 거리로 나가 백성들을 살폈다.

"그래, 힘든 점이 무엇인지 가리지 말고 이야기해 보거라."

백성들은 거리에서 영락 대왕을 보자 놀라면서도 따뜻한 마음에 감동하였다. 백성들의 어려움을 듣고 그들에게 필요한 것들을 적극적으로 지원하자 고구려 백성들의 살림살이는 금세 나아지기 시작했다.

몇 년이 흐르자 고구려를 섬기겠다고 했던 후연은 다시 고구려를 향해 공격을 시작했다. 요동성으로 쳐들어온 것이다.

"전하, 후연의 모용희가 다시 군사를 이끌고 요동성을 공격하였습니다."

"결국 이렇게 되는 것인가. 이번에는 절대 용서하지 않을 것이다. 전군 준비 태세를 하라."

영락 대왕은 후연의 모용희를 향해 칼을 빼 들었다.

"후연의 모용희는 들으라. 내가 후연을 용서한 것은 널리 인간을 이롭게 하라는 홍익인간의 정신에 따라 살생을 멈추고, 동맹 국가로서 우호적인 관계를 유지하기 위함이었다. 하지만 이제 고구려는 칼을 꺼내 만주 벌판으로 진격을 시작하겠다. 각오하거라."

고구려군은 요동성과 목저성에서 후연의 군대를 격파했다. 영락 대왕이 군사를 부리는 능력은 너무나 뛰어나 모용희의 군대는 도저히 고구려군을 이길 수 없었다.

모용희는 고구려와의 전쟁에서 패한 후 내부 반란이 일어나 암살되었다. 멸망한 후연의 땅에서는 고구려 혈통의 모용운(고운)이 북연(대연)이라는 새로운 나라를 세웠다. 영락 대왕은 새 나라 북연에 사신을 보내어 예를 표하였다.

"모용운이여, 이제 새로운 나라 북연에서 고구려의 정신을 이어받아 새로운 문화를 만들어 주시오."

"새로운 정신으로 새로운 나라를 세우겠사옵니다."

소년이었던 담덕은 아버지와 산에 올라 일출을 바라보며 고조선의 정신을 만주에 퍼뜨리겠노라 다짐했었다. 그리고 그 거대한 꿈이 이루어지는 순간이었다.

영락 대왕이 북연과 우호 관계를 맺은 것, 그리고 옛 후연의 영토 일부를 고구려 땅으로 만든 것은 그동안 여러 세력들로 분열되어 있던 만주 벌판을 하나의 통일된 나라로 만든 것이었다. 영락 대왕 이후로 만주에는 고구려 말고는 북만주의 조그마한 부족 국가들만 남게 되었다.

영락 대왕은 고구려를 지키고 영토를 넓히기 위해 주변 나라들을 침공했다. 하지만 적에게도 홍익인간의 큰 뜻을 베풀었다.

광개토 대왕릉비

옛 고구려의 수도인 국내성(중국 지린 성 지안 시)에 있는 광개토 대왕릉비는 광개토 대왕의 아들 장수왕이 414년에 아버지의 업적을 기념하기 위해 세웠다. 높이 6.39미터, 무게 40톤에 이르는 거대한 사각기둥 모양의 비석이다. 중국과 일본에서는 '호태왕비'라고 부른다. 광개토 대왕의 정식 시호가 '국강상광개토경평안호태왕'이기 때문이다. '호태(好太)'란 크고 거룩하다는 뜻이다.

광개토 대왕릉비는 조선 후기까지는 중국 어느 나라의 비석으로 알려져 있었으나 여러 학자의 노력으로 고구려의 중요한 역사가 담겨 있는 비석이라는 것이 세상에 알려지게 되었다. 그러나 광개토 대왕릉비의 내용을 알기 위해 중국, 일본의 학자들이 탁본을 뜨는 과정에서 비석의 글자가 훼손되기도 했다. 광개토 대왕릉비

광개토 대왕릉비

는 당시 중국인들이 탁본을 많이 떴는데, 그 과정에서 비면에 석회를 발랐기 때문이다.

　비석이 훼손되면서 내용의 해석은 어려움을 겪게 되었다. 특히 광개토 대왕이 백제-왜-가야의 공격에서 신라를 구해 준 부분이 심하게 손상되었고, 일본이 이를 임나일본부설(4세기 후반 일본이 백제, 신라, 가야에 식민지를 건설하여 6세기까지 지배하였다는 주장)의 근거로 삼아 큰 파장이 일었다. 하지만 이는 근거 없는 일본의 억지 주장일 뿐이다.

　광개토 대왕릉비의 내용은 크게 세 부분으로 나누어진다. 첫 번째 부분은 고구려의 시조인 추모왕(당시 고구려 시조 주몽을 부르던 명칭)이 고구려를 건국한 건국 신화와, 광개토 대왕 전까지의 고구려 역사를 다루고 있다. 두 번째 부분은 광개토 대왕이 고조선의 정신을 받아 영토를 확장하는 과정을 연대순으로 다루고 있다. 세 번째 부분은 광개토 대왕릉비의 건립과 광개토 대왕릉을 지키는 사람들(묘지기)에 관한 내용을 다루고 있다. 즉 광개토 대왕릉비는 고구려의 왕실을 칭송하면서 그 역사와 함께 광개토 대왕의 공적을 기리는 내용을 담고 있다고 할 수 있다.

　광개토 대왕릉비는 고구려뿐만 아니라 4, 5세기 동북아시아의 역사를 알 수 있는 중요한 비석으로, 한국과 중국, 일본 학자들의 활발한 연구가 계속되고 있다.

광개토 대왕릉비 탁본

9장
위대한 삶은 이름으로 남는 법

"지금부터 태자 책봉식을 거행하겠사옵니다."

409년 가을, 구름 한 점 없는 푸른 하늘 아래 고구려의 모든 신하들이 궁궐에 모였다. 바로 영락 대왕의 첫째 아들, 거련의 태자 책봉식이 있기 때문이었다.

"거련이여. 그대는 고구려의 태자가 된다는 것이 무엇을 의미하는지 아는가?"

"네, 아버님. 만주의 중심인 고구려의 왕이 된다는 뜻이옵니다."

"그렇다. 지금 고구려는 한반도를 넘어 대륙의 최강자로 우뚝 서 있다. 거련아, 너는 장차 고구려의 왕이 될 것이다. 그렇다면 어떤 왕이 되어야 하는가?"

거련은 무릎을 꿇은 채로 잠시 눈을 감았다. 그동안 영락 대왕이 수도 없이 해 주었던 말이 떠올랐다.

"우리 고구려는 고조선의 왕 단군의 후예라는 사실을 항상 잊지 말아야 합니다. 단군의 홍익인간 정신을 고구려뿐 아니라 세상에 널리 알려 세상을 이롭게 만들어야 합니다. 밖으로는 강력한 힘을 바탕으로 만주의 중심이 되어야 하고 안으로는 백성들이 태평성대를 누리게 해야 합니다."

영락 대왕은 거련의 낮지만 힘 있는 말에 미소를 지었다. 동시에 예전 자신의 태자 책봉식이 떠올랐다.

'우리 아버님, 고국양왕도 이런 느낌이셨을까······.'

영락 대왕은 고구려의 왕을 상징하는 검을 들고 천천히 거련에게 다가갔다.

"고구려의 태자는 바로 거련이다. 거련은 태자로서 품위를 지키고 언행을 바르게 하여 고구려의 명예를 실추시키는 일이 없길 바란다. 모두들 들거라. 태자를 잘 받들 것을 명하노라. 풍악을 울려라!"

시원한 가을바람이 뺨을 스치고 지나갔다. 영락 대왕은 흐뭇한 미소로 거련을 지그시 바라보았다.

거련을 태자로 삼은 뒤 영락 대왕은 동부여 정벌을 준비했다.

"아버님, 동부여는 고구려를 위협할 만한 나라가 아닌데 어찌 직접 정벌을 하시려고 하옵니까?"

"동부여는 요즘에 공물을 바치지 않고 있다. 내 직접 저들에게 고구려의 본모습을 보여 주어야겠다."

동부여는 과거에 고구려에게 조공을 바치던 나라였으나 언제부터인가 배반하여 조공을 바치지 않고 있었다. 동부여는 고구려를 세운 주몽(동명성왕)이 나고 자란 곳이기도 했다. 이에 영락 대왕은 동부여를 직접 정벌하기로 한 것이었다.

410년, 영락 대왕이 직접 군대를 이끌고 나타나자 겁을 먹은 동부여는 허둥대며 후퇴했다. 이미 영락 대왕의 용맹함과 여러 나라를 정복한 전적을 알고 있기 때문이었다. 영락 대왕은 동부여의 64성을 빼앗고 여러 고을을 차례로 함락시켰다. 이제 동부여의 병력도 상당 부분 무너지고 적은 수의 군사만 남은 상태였다.

"아버님, 무리입니다. 지금은 쉬셔야 합니다."

"음······."

왕이 된 이후로 쉬지 않고 계속된 전쟁으로 영락 대왕은 건강이 좋지 못했다.

"전하, 이번에는 궁에 남아 병을 치료하시는 것이 옳을 듯하옵니다. 남은 동부여 정벌은 거련 태자에게 맡기는 게 어떠하옵니까?"

"거련은 아직 총지휘관으로 고구려의 대군을 지휘한 적이 없다. 그것이 걱정이다. 나도 이번이 마지막이라고 생각하고 있다. 거련이 총대장을 맡고 나는 옆에서 지켜보는 정도라도 해야 마음이 놓일 것 같다."

"하지만 전하, 동부여에서 몸에 이상을 느끼면 바로 돌아오십시오. 걱정이 되옵니다."

영락 대왕 역시 자신의 몸에 이상이 있다는 것을 느끼고 있었다. 하지만 아직 경험이 적은 거련이 혹시 사고를 당하지 않을까 걱정이 되었기에 출전을 강행하기로 하였다.

"공격하라! 적군을 물리쳐라!"

영락 대왕 옆에서 많은 것을 보고 배운 거련이었다. 익숙한 솜씨로 고구려의 군사들을 지휘하며 동부여의 병사들을 제압해 나갔다.

'거련이 정말 잘 컸구나. 이제 정말 내 도움이 없어도 전쟁에서 승리할 수 있겠구나.'

영락 대왕은 병사들의 이동을 지켜보며 감탄하고 있었다. 그때였다. 후퇴만 하는 줄 알았던 동부여군의 일부가 숲에 숨어 개마 무사들에게 활을 겨누었다.

"북을 쳐라! 어서 거련에게 긴급 대피 신호를 보내라!"

하지만 워낙 소란스러운 탓에 거련은 북소리를 듣지 못하고 있었다. 이대로라면 선봉에 선 개마 무사들이 동부여의 기습 공격으로 큰 피해를 입을 수 있는 상황이었다.

"너희들 모두 말에 올라라. 오른쪽으로 크게 돌아 숲으로 바로 들어간다. 가서 숨어 있는 동부여의 병사들을 공격한다!"

영락 대왕은 대기하고 있던 후방의 병사들을 이끌고 숲으로 달려갔다.

"공격하라. 숨어 있는 궁수들을 소탕하라!"

동부여군은 깜짝 놀랐다. 개마 무사들을 조준하고 있던 탓에 오른쪽에서 빠르게 들어오는 영락 대왕의 병사들에 대한 대비가 전혀 없었기 때문

이었다.

"빠르게 들어가라! 그들이 전열을 갖추기 전에 공격해야 한다!"

영락 대왕은 끊임없이 소리쳤다. 후방에 대기하던 적은 수의 병사들을 모아 기습적으로 공격했기 때문에 동부여군이 준비를 갖추면 오히려 고구려군의 피해가 클 수 있기 때문이었다. 그때였다.

"대왕이시여! 피하십시오!"

동부여군의 화살이 영락 대왕 쪽으로 향했다. 영락 대왕은 급히 말머리를 틀었다. 다행히 영락 대왕의 몸에 맞지는 않았지만 화살은 영락 대왕이 탄 말에 정확히 명중했다.

"으아악!"

"대왕을 보호하라!"

영락 대왕은 말에서 떨어졌다. 주변의 호위 병사들이 급히 영락 대왕 주변에 모여 동부여군의 공격으로부터 대왕을 보호했다. 영락 대왕은 말에서 떨어진 충격으로 기절하고 말았다.

"으으음……."

"아버님! 이제 정신이 드십니까?"

깨어난 영락 대왕이 주변을 살펴보았다.

"여기가…… 여기가 어디인가?"

"고구려입니다. 동부여군을 모두 소탕하고 궁으로 급히 돌아왔사옵니다. 아버님, 괜찮으시옵니까?"

그제서야 영락 대왕은 전투 중 말에서 떨어진 사실이 떠올랐다. 일어나

려고 했으나 몸이 말을 듣지 않았다.

"대왕이시여, 지금은 안정을 취해야 하옵니다. 부디 다른 생각 마시고 침상에 누워 푹 쉬십시오."

어의가 걱정스런 표정으로 영락 대왕에게 아뢰었다. 그 이후로 영락 대왕은 더 쇠약해졌고, 건강을 회복하지 못했다. 자리에 누워 지내는 날이 많은 영락 대왕이 어의를 불렀다.

"내 상태가 어떠한가? 솔직하게 말해 보라."

"전하…… 실은 너무나 좋지 않사옵니다."

영락 대왕은 조용히 눈을 감았다. 그동안의 일들이 머릿속에 나열되어 시간 순으로 펼쳐졌다. 18세에 왕위에 올라 어느덧 20여 년. 아직 할 일이 많은 영락 대왕이었다.

그때 아버지의 목소리가 들려오는 듯했다.

'담덕아, 거기 있느냐.'

'아버님이십니까. 오랜만에 뵈옵니다.'

'그래, 담덕아. 이제 때가 되었구나. 내 멀리서 널 보면서 참 흐뭇했다. 고구려가 커 가는 모습을 보면서 감탄했구나.'

'아버님, 이제 때가 된 것입니까.'

'그래. 내가 그랬던 것처럼, 너도 거련에게 네 과업을 물려줄 때가 왔느니라.'

그때 거련은 영락 대왕의 침실 밖에 서서 밤하늘을 바라보고 있었다. 천하를 호령했던 아버지가 저렇게 힘없이 누워 계신 모습에 눈물이 났다. 또한 생전에 아버지에게 효를 다하지 못한 것이 너무나 후회되었다. 전쟁터에서 누구보다 차가웠지만, 아버지로선 한없이 따뜻했던 영락 대왕이었다.

"앗, 저것이 무엇이냐!"

어두웠던 밤하늘에 갑자기 큰 별 하나가 긴 꼬리를 남기며 떨어졌다. 거련은 깜짝 놀라 그 자리에서 돌처럼 굳어 있었다.

"아버님!"

거련은 소리를 지르며 영락 대왕의 침실 문을 열어젖혔다. 하지만 영락 대왕은 아무 소리를 내지 않았다. 거련이 흐느끼며 영락 대왕의 품에 안겼으나 이미 영락 대왕은 숨을 거둔 뒤였다.

영락 대왕의 장례식이 거행되었다. 고구려 역사상 최고의 왕이었던 영락 대왕이었기에, 고구려 백성들뿐만 아니라 주변 나라에서까지 사신들이 몰려들었다.

영락 대왕의 뒤를 이어 거련이 왕위에 올랐다. 바로 고구려 20대 왕인 장수왕이다. 장수왕은 아버지 영락 대왕의 업적을 기리기 위해 414년, 거대한 비석을 세웠다. 그리고 영락 대왕의 **시호**를 발표하였다.

어의
궁중에서 왕이나 왕족을 치료하던 의원.

시호
죽은 군주에게 다음 군주가 올리는 특별한 이름.

"영락 대왕의 시호는 '국강상광개토경평안호태왕'이다! 국강상은 묻힌 곳이며 광개토경은 광활한 영토를 넓힌 업적이며, 평안은 나라와 백성들에게 평화를 준 업적이다. 그리고 호태왕은 왕 중의 왕을 뜻한다. 즉, 황제 이상의 절대 군주였던 영락 대왕을 높이는 이름이니라! 그리고 영락 대왕의 생전의 업적을 모두 이 비석에 담았다. 앞으로 우리 고구려인은 영락 대왕의 기상을 이어받아 고구려를 더욱 발전시켜야 할 것이다."

사람의 키를 훌쩍 넘는 거대한 비석은 보는 이로 하여금 경외감이 들게 하였다.

'아버님께서 완성시킨 이 고구려, 제가 이어받아 아버님의 꿈을 이뤄 내겠습니다.'

장수왕은 비석 앞에서 한참이나 움직이지 못했다. 어느덧 태양이 산 중턱에서 사라지고 있었다.

고구려의 전성기를 이끌었던 장수왕

장수왕은 고구려의 20대 왕으로 이름은 거련 또는 연이다. 광개토 대왕의 맏아들로, 409년에 태자로 책봉되었으며 412년 18세의 나이로 왕위에 올랐다. 414년 광개토 대왕릉비를 세워 광개토 대왕의 업적을 기렸으며, 충주(중원) 고구려비를 세워 고구려의 위상을 널리 알렸다. 394년 출생하여 491년 98세가 될 때까지 오래 살았기 때문에 '장수왕'이라는 시호가 붙었다.

장수왕의 남진 정책

장수왕에게는 목표가 있었다. 광개토 대왕의 뜻을 이어받아 만주와 한반도 일대에 고구려의 정신을 전파하는 것이었다. 장수왕은 우선 국내성에서 평양으로 고구려의 수도를 옮겼다. 평양은 대동강 하구를 통해 황해로 나갈 수 있는 훌륭한 항구 도시이기에 해상력 장악에 유리했다. 또한 백제와 신라, 가야와 더 가까워지면서 한반도 남쪽 지역에 대한 지배력이 강화되는 장점이 있었다. 더불어 국내성에 기반을 둔 귀족 세력을 약화시키고 왕권을 강화하는 효과도 있었다. 다음으로 장수왕은 중국의 북위와 평화적으로 지냈다. 북쪽 세력과 평화적인 관계를 유지하면서 남쪽으로 세력을 뻗을 기반을 닦았던 것이다.

남쪽으로 진출할 준비가 되자, 장수왕은 475년 백제를 공격했다. 백제의 수도 한성을 무너뜨리고 백제의 개로왕을 죽여 한강 유역을 차지했다. 한강을 차지한 장수왕은 계속 남진 정책을 펼쳐 백제와 신라를 공격하여, 한반도 중부까지 영토를 차지할 수 있었다.

장수왕 때 고구려는 한반도 중부 지방에서 만주에 이르는 대제국을 건설하고 동아시아의 강대국으로 자리 잡아 최고의 전성기를 누렸다.

충주(중원) 고구려비

충주 고구려비는 장수왕이 세웠다고 추측되는 비석으로 충청북도 충주시에 위치해 있다. 국내에 유일하게 남아 있는 고구려 관련 비석으로, 장수왕이 남한강 유역의 여러 성을 공략하여 개척한 후 세운 기념비로 추측된다. 비석의 글자는 마모 상태가 너무 심해 해석이 어려우나, 비석의 위치까지 고려하여 생각해 보면 신라의 영토에 고구려군이 주둔했었다는 것을 알 수 있다. 즉, 광개토 대왕 때보다 장수왕 때 신라에 대한 영향력이 더욱 강했다는 것을 알 수 있다.

충주 고구려비

● 광개토 대왕에게
  묻다
  오늘날의 우리들이
  알고 싶은 이야기

Q 광개토 대왕님은 고구려의 왕자로 태어나셨는데, 어렸을 때 왕자라는 신분이 싫었던 적도 있으신가요?

광개토 대왕: 많은 학생들이 왕자로 태어난 제가 부럽겠지요? 하지만 왕자라는 신분이 마냥 좋은 건 아니랍니다. 우선 태어날 때부터 굉장히 엄격한 환경에서 자라납니다. 친구도 만나지 못하고, 마음대로 돌아다닐 수도 없답니다. 새벽부터 일어나 체력 단련 및 무예 훈련을 하고, 밤늦도록 공부를 하고 책을 읽어야 합니다. 가장 힘든 건 나라를 위해 내 것을 포기해야 하는 것이겠지요. 개인의 즐거움이나 행복보다는 나라의 발전과 백성들의 행복을 먼저 생각해야 하니까요. 많은 사람을 대표하는 중요한 위치에 있다면 그만큼 책임이 뒤따른다는 것을 잊지 마세요.

Q 오늘날 대한민국에서는 중국의 동북공정이나 일본의 임나일본부설 등 역사 왜곡이 큰 문제가 되고 있습니다. 이것에 대해 어떻게 생각하시나요?

광개토 대왕: 중국과 일본의 역사 왜곡 이야기를 들으면 참으로 분하고 화가 납니다. '역사'는 그 나라의 정신을 바로 세우는 역할을 합니다. 중국에서 나와 고구려의 역사를 그들의 역사로 만들려고 하는 것이나, 일본에서 야마토 왕조 때 가야를 속국으로 삼아 한반도를 지배했다고 주장하는 것 모두 '역사'를 이용하여 나라의 힘을 세우려는 것입니다. 하지만 그것은 여러분들도 알고 있듯이 역사를 왜곡하는 것입니다. 역사는 거짓말을 하지 않지요. 여러분도 역사에 관심을 많이 가지고 우리의 진짜 역사를 세계에 알려 주세요. 꼭 부탁합니다.

Q 고구려 무덤이나 유물들을 보면 '삼족오'가 유난히 많이 보입니다. 고구려에게 '삼족오'란 어떤 의미인가요?

광개토 대왕: '삼족오'는 고대 신화에 나오는 태양 속에 살고 있다는 세 발의 검은 새예요. 《삼국유사》를 보면 하백의 딸 유화가 천제의 아들인 해모수와 만나 임신을 하고 햇빛을 받아 알을 낳았다고 하지요? 그 알에서 고구려의 시조인 주몽이 태어났다고 합니다. 그래서 고구려는 하늘과 땅, 그것을 이어 주는 검은 새를 신성시하게 된 것입니다. 지금은 일본의 축구팀 상징이나 일왕의 옷에서 찾아볼 수 있는데, 아마 고구려에서 일본으로 전파된 것 같습니다.

Q 평생에 걸쳐 수많은 전쟁을 하셨는데요, 광개토 대왕께서는 전쟁에 대해 어떻게 생각하시나요?

광개토 대왕: 중국의 병법서인 《손자병법》에는 부전이승(不戰而勝)이라는 말이 있지요. 전쟁에서의 승리 중 최선은 싸우지 않고 이기는 것이란 뜻입니다. 전쟁은 수많은 사람들을 다치게 하고 자연을 파괴합니다. 최대한 전쟁을 하지 않는 것이 바람직하겠지요.

하지만 내가 살았던 3, 4세기의 동북아시아는 격변의 시대였습니다. 한반도에선 원시적인 부족 국가였던 나라들이 본격적인 고대 국가로 발전하며 기틀을 잡아 가고, 만주에서는 유목 민족과 진나라에서 갈라져 나온 국가들이 힘겨루기를 하고 있었습니다. 당시의 시대 상황 때문에 많은 전쟁이 일어날 수밖에 없었지요. 나는 전쟁에서 이기기 위해 최선을 다했지만, 평화로운 시대였다면 전쟁을 하지 않고 나라 안의 발전을 위해 노력했을 것입니다.

Q 광개토 대왕님은 무예에 능하셨다고 알고 있는데요, 평소에 책은 많이 읽으셨나요?

광개토 대왕: 사람들이 나를 생각할 때 항상 전쟁을 잘한 왕으로 생각하지요. 전쟁에서 승리하기 위해 물론 무술 연습이나 체력 단련을 꾸준히 하였습니다. 하지만 더 중요한 것은 내면의 힘을 기르는 것이에요. 내가 전쟁에서 지지 않았던 이유를 독서에서 찾고 싶습니다. 전투에 대한 지식뿐만 아니라 냉철한 판단력, 강인한 마음, 위기의 순간 발휘되는 순발력 등 많은

것이 책에 있지요. 여러분도 어렸을 때부터 책을 많이 읽으세요. 책에는 우리가 가야 할 모든 길이 담겨 있습니다.

Q 오늘날 학생들에게 해 주고 싶은 말씀이 있으면 해 주세요.

광개토 대왕: 나는 여러분 나이 때 원대한 꿈을 꾸었습니다. 고조선의 뜻을 이어받아 천하의 질서를 바로잡으려고 하였습니다. 위대한 일을 위해서 차근차근 계획을 세우고 끊임없이 노력했지요. 여러분에게도 꼭 말하고 싶습니다. 정말 커다란 꿈을 가지세요. 지금은 말도 안 되는 꿈이라는 생각이 들더라도, 그것을 향해 의지를 가지고 나아가다 보면 그 꿈이 어느새 현실이 되어 있을 것입니다.

Q 광개토 대왕님은 우리나라 역사에서 중국과 일본을 제압한 몇 안 되는 영웅이셨죠. 그 용기를 기리는 의미로 우리 해군에서 광개토대왕함을 만들어 사용하고 있어요. 대한민국의 기술력으로 만든 1번함에 광개토 대왕님의 이름을 붙였다니, 정말 굉장한 것 같아요.

광개토 대왕: 내 이름으로 만든 전함이 한반도를 지키고 있다니 감회가 새롭네요. 죽어서도 나라를 지킬 수 있다니 뿌듯합니다. 예전의 고구려처럼, 대한민국도 아시아의 1등 국가가 되었으면 좋겠네요.

● 광개토 대왕이
　걸어온 길

● 374년경　고국양왕의 첫째 아들로 태어남.
● 386년경　태자로 책봉됨.

● 395년경　거란을 정벌함.
● 396년경　한강 유역을 점령하고
　　　　　　백제 아신왕의 항복을 받음.
● 398년경　숙신을 정벌하고
　　　　　　동북 국경 지대를 안정시킴.
● 395년　　로마 제국, 동·서 분열.

390　　　　　　　395　　　　　　　400

● 391년경　고구려 19대 왕으로 즉위함.
● 392년경　백제의 석현성과 관미성을 함락시킴.
● 392년　　로마, 크리스트교 국교화.

- 400년경   신라를 공격했던 백제·왜·가야 연합군을 물리침.
- 402년경   후연의 숙군성을 공격함.
- 410년경   동부여를 정벌함.
- 412년경   세상을 떠남. (413년이라는 자료도 있음)
- 414년경   장수왕이 광개토 대왕릉비를 세움.

405   **410**

- 405년경   후연군을 요동성에서 격파함.
- 407년경   후연이 멸망하고 고구려계인 모용운이 북연을 건국함.
- 409년경   거련(장수왕)을 태자로 책봉함.